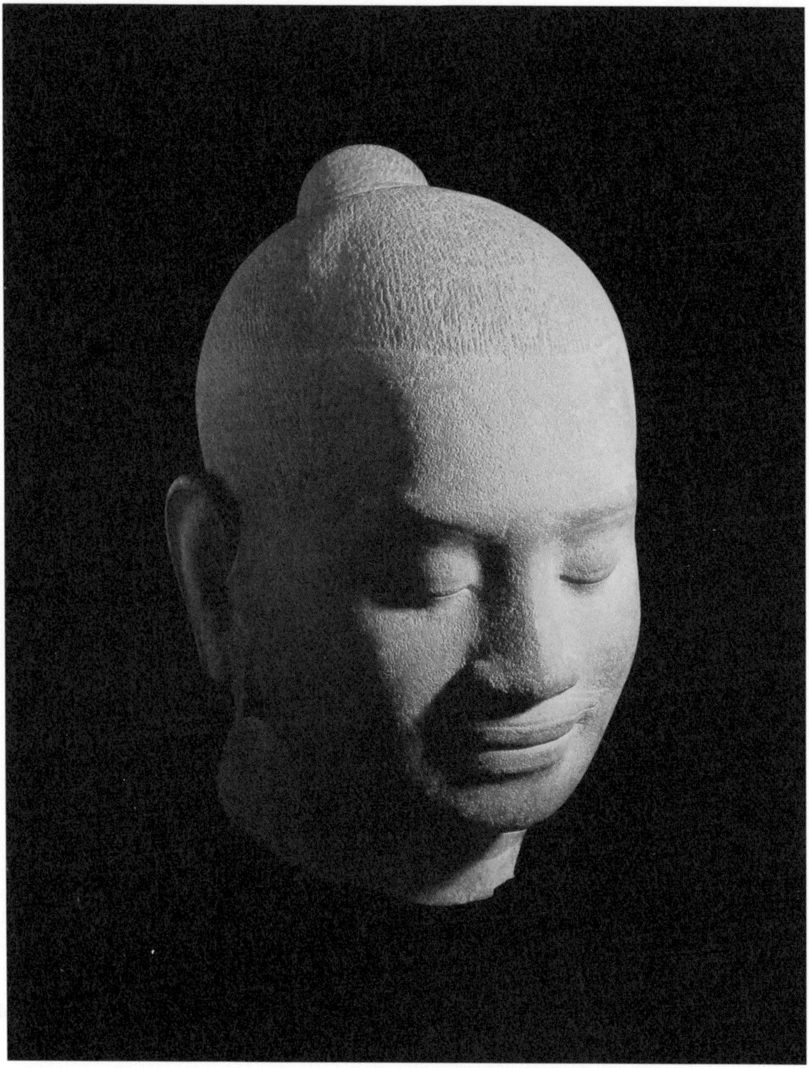

PHOTO BY HANS HINZ (1913 - 2009)

JAYAVARMAN VII, KING CAMBODIA

因為微笑，文明不會消失。——蔣勳

吳哥之美

THE BEAUTY OF ANGKOR

蔣勳

目次

第二部
小吳哥城

第三部
城東

第四部
城北與東北郊

第五部
羅洛斯遺址

第六部
心的駐足

附錄

新版序

微笑記憶

《吳哥之美》是八、九年前在吳哥窟陸續寫給懷民的信，二〇〇四年集結成冊出版，二〇一〇年左右絕版了。這幾年在吳哥當地，到處有盜版，印刷差一點，由當地小孩拿著在廟前兜售，用不標準的發音說：「Chiang Hsun，five dollar——」同行朋友都笑說：「本尊來了，還賣盜版。」也有人跟孩子指著我說：「Chiang Hsun——」孩子都不相信。

我沒有那麼在意盜版，大陸許多盜版品質更差，也管不到。吳哥的孩子窮困，可以藉此賺一點錢，也是好事吧。我自己每次被孩子圍繞，也買幾本，算是結緣。

重新整理這些舊信，沒有想到，竟然與一個地方有如此深的緣分。回想起來，從一九九九年開始，不知不覺，已經去了吳哥窟十四次了。

或許，不只是十四次吧，不只是此生此世肉身的緣分。許多撩亂模糊不可解不可思議的緣分牽連，彷彿可以追溯到更久遠廣大的記憶。

大學讀史學，程光裕先生開東南亞史。程先生不擅教書，一節課坐著唸書，不看學生。從頭到尾，照本宣科，把自己寫的一本東南亞史唸完。

課很無趣，但是書裡的那些地名人名，感覺很陌生又很熟悉：扶南、占婆、暹邏、真臘、闍耶跋摩、甘孛智……

「甘孛智」是明代翻譯的Camboja，萬曆年以後就譯為今日通用的「柬埔寨」。

帝國意識愈強，對異族異文化愈容易流露出輕蔑貶損。日久用慣了，可能也不感覺到「寨」這個漢字有「部落」、「草寇」的歧視含義。

唐代還沒有柬埔寨這個名稱，是從種族的Khmer翻譯成「吉蔑」。「蔑」這個漢譯也不是尊敬的漢字。現在通用的「高棉」同樣是從Khmer翻譯而來，比較無褒貶了。

我讀東南亞史，常常想到青年時喜歡去的台灣原住民部落，台東南王一帶的卑南，蘭嶼的達悟，屏東山區的布農或排灣。他們是部落，沒有發展成帝國，或者連「國」的概念也沒有。一個簡單的族群，傳統的生產方式，單純的人際倫理，沒有向外擴張的野心，沒有太嚴重殘酷的戰爭。人與自然和諧相處，在美麗的自然裡看山看海，很容易滿足。生活的溫飽不難，不用花太多時間為生活煩惱，可以多出很多時間唱歌跳舞。一年裡許多敬神敬天的祭典，祭典中人人都唱歌跳舞，部落裡眼睛亮亮的孩子都能唱好聽的歌，圍成圓圈在部落廣場跳舞。婦人用簡單的工具紡織，抽出苧麻纖維，用植物汁液的紅、黃、綠，漂染成鮮豔的色彩，編結出美麗圖紋的織品。男子在木板石版上雕刻，都比受專業美術訓練的藝術家的作品更讓人感動。

「專業」是什麼？「專業」使人迷失了嗎？迷失在自我張揚的虛誇裡，迷失在矯情的論述中。「專業」變成了種種藉口，使藝術家回不到「人」的原點。

卑南一個小小部落走出來多少優秀的歌手，他們大多沒有受所謂「專業」的訓練。除了那些知名的優秀歌手，如果到了南王，才發現，一個村口的老婦人，一個樹下玩要的孩子，一個鄉公所的辦事員，開口都有如此美麗的歌聲。

生活美好豐富，不會缺乏歌聲吧？

生活焦慮貧乏，歌聲就逐漸消失。發聲的器官用來咒罵，聲嘶力竭，喉嚨更趨於粗糙僵硬，不能唱歌了。

我讀東南亞史的時候，沒有想到台灣——做為西太平洋中的一個島嶼，與東南亞有任何關係。

在誇張大中國的威權時代長大，很難反省一個單純部落在帝國邊緣受到的歧視與傷害吧。

那時候沒有「原住民」的稱呼，班上來自部落的同學叫「山地人」或「蕃仔」。「南蠻」「北狄」「東夷」「西戎」，一向自居天下之中的華族，很難認真尊重認識自己周邊認真生活的「蕃人」吧。「蕃」有如此美麗的歌聲、舞蹈、繪畫和雕刻，「蕃」是創造了多麼優秀文化的族群啊！

一位偉大的旅行者

那一學期東南亞史的課，知道了元朝周達觀在十三世紀一部記錄柬埔寨的重要著作——《真臘風土記》。

「真臘」就是吳哥王朝所在地Siam Reap的譯名，現在去吳哥窟旅行，到達的城市就是「暹粒」。時代不同，音譯也不同，「真臘」還留著Siam Reap的古音。

元代成宗帖木兒可汗，在元貞元年（1295）派遣了周達觀帶領使節團出訪今天的柬埔寨。周達觀在成宗大德元年（1297）回到中國。路途上耗去大約一年，加起來，前後一共三年，對當時的真臘做了現場最真實的觀察記錄，從生活到飲食、建築、風俗、服飾、婚嫁、宗教、政治、生產、氣候、舟車……無一不細細描述，像一部最真實的紀錄片。八千五百字，分成四十則分類，為十三世紀的柬埔寨歷史留下全面詳盡的百科全書。

我讀這本書時還不知道，周達觀七百年前去過、看過的地方，此後我也將要一去再去、一看再看。

真臘王朝強盛數百年，周達觀寫了《真臘風土記》之後，一百多年，到了一四三一年，王朝被新崛起的暹邏族滅亡。真臘南遷到金邊建都，故都吳哥因此荒廢，在歷史中湮滅。宏偉建築被叢林覆蓋，高牆傾頹，瓦礫遍地，荒煙蔓草，逐漸被世人遺忘。

數百年後，沒有人知道曾經有過真臘輝煌的吳哥王朝，但是，歷史上留著一本書——《真臘風土記》。這本書蒐在《四庫全書》中，被認為是翔實的地方誌，但是只關心考試做官的民族，對廣闊的世界已經沒有實證的好奇了。

這本被漢文化遺忘的書，卻被正在崛起、在世界各個角落航海、發現新世界的歐洲人看到了。法國雷穆沙在一八一九年翻譯了法文本《真臘風土記》，法國人大為吃驚，他們相信，周達觀如此翔實記錄的地方，不可能是虛構。他們相信，世界上一定有一個地方叫真臘（Siam Reap）。一八六〇年，法國生物學家亨利・穆奧就依憑這本書，在叢林問發現沉埋了四百多年的吳哥王朝。

一九〇二年，去過敦煌的漢學家伯希和重新以現場實地考證，校注法文版《真臘風土記》。一九三六年二次世界大戰前，日文版《真臘風土記》出版，日本已經開始覬覦東南亞，準備帝國的軍事擴張。

一九六七年，英文版《真臘風土記》問世。一九七一年，柬埔寨剛剛脫離法國殖民地不久，沒有自己國家的歷史文獻，李添丁先生就將周達觀的翔實歷史從中文又翻譯成柬埔寨語文。

「國可亡，史不可亡——」《四庫全書》認為元史沒有〈真臘傳〉，周達觀的《風土記》可以補元史之缺。現在看來，十三世紀吳哥的歷史文明，柬埔寨自己也沒有留下文獻，只有周達觀做了最翔實的現場記錄。

高棉內戰結束，世界各地遊客湧入吳哥窟，二〇〇一年就有了新的英譯本，二〇〇六年又有了新的德譯本。全世界遊客到吳哥，人人手中都有一本周達觀的書。一位十三世紀的探險家，一位偉大的旅行者，一位報導文學的開創者，他的書被自己的民族忽視，卻受到全世界的重視。

一座冥想靜定的佛頭石雕

法國殖民柬埔寨九十年，陸續搬走了吳哥窟精美的文物。一九七二年我去了巴黎，在「居美」東方美術館看到動人的吳哥石雕。有巨大完整的石橋護欄神像雕刻，有斑蒂絲蕾玫瑰石精細的門楣裝飾，最難得的是幾件闍耶跋摩七世和皇后極安靜的閉目沉思石雕。

居美在離艾菲爾鐵塔不遠處，附近有電影圖書館，有現代美術館，是我最常去的地方。每走到附近，那一尊閉目冥想的面容就彷彿在呼喚我。我一次一次繞進去，坐在祂對面，試著閉目靜坐，試著像祂一樣安詳靜定，沒有非分之想。

「須陀洹名為入流，而無所入，不入色、聲、香、味、觸、法，是名須陀洹——」這樣垂眉斂目，是祂可以超離眼耳鼻舌身意的感官激動了嗎？我靜坐著，好像祂在教我學習唸誦《金剛經》。

有一次靜坐，不知道時間多久，張開眼睛，一個法國婦人坐在旁邊地上，看我，點頭微笑，好像從一個夢裡醒來，她說：「我先生以前在柬埔寨——」

她在這尊像前跟我說：「法國怎麼能殖民有這樣文明的地方——」

一九七〇年代，法國在東南亞的殖民地陸續獨立。柬埔寨、越南，殖民的統治者一走，那些初獨立的國家就都陷入殘酷內戰。美國支持龍諾將軍，施亞奴國王逃亡北京求庇護，波布政權開始殘酷屠殺，數百萬人被以各種方式虐殺。如今金邊還留著博物館，留著人對待人最慘酷的行為，比動物更粗暴，不忍卒睹。

許多歐洲的知識分子工程師遭屠殺，他們正在對抗法國殖民者，幫助當地人民認識自己的文化。他們組織青年，帶領他們修復古蹟，把一塊一塊石磚拆卸下來，重新編號，準備復建吳哥盛時的國廟巴芳寺。

「我的先生學中世紀藝術，六〇年代派去吳哥窟協助修復巴芳寺——」

我不忍問下去了。在巴黎有太多同學來自越南、寮國、柬埔寨獨立前後的戰亂地區，他們談到母親因為歌唱被拔舌而死，或者畫家父親受酷刑一一截斷關節的故事，重複多次，甚至沒有激動，彷彿敘述他人的生老病死。

「不入色聲香味觸法——」我心中還是劇痛。

法國婦人眼中有淚，我不敢看，我看著改信大乘佛教的闍耶跋摩七世頭像，仍然閉目冥想，眉宇間憂愁悲憫，嘴角微笑。祂當然讀過《金剛經》。「滅度一切眾生已，而無有一眾生實滅度者——」每日唸誦，而我仍然不徹底懂得的句子，在這尊像的靜定中，我似懂非懂。——不可以有滅度之心嗎？在最殘酷的屠殺前也沒有驚叫痛苦嗎？

這尊石雕陪伴我四年，憂傷迷失的時刻，我都到祂面前。我不知道：我與祂的緣分，或許已有前世因果，或許也還只是開始而已。

一個教跳舞的人

讀了周達觀的《真臘風土記》，在巴黎看了很多吳哥的雕刻，我以為緣分也僅止於此。因為長期內戰，種種屠殺駭人聽聞，也從來沒有想過有機會實際到吳哥去走一趟。

我們對緣分的認識也還是淺薄。那尊雕像閉目冥想沉思，是不是因為不看肉眼所見，不執著肉眼所見，反而有天眼、慧眼的開闊，也才有法眼、佛眼的靜定寬容。

一九九九年三月，柬埔寨內戰稍稍平靜，國際非政府的救援組織開始關注這一飽受砲火蹂躪摧殘的地區。有一天，懷民接到一封信，荷蘭外交部所屬的「跨文化社會心理組織」一名負責人在歐洲看過雲門的「流浪者之歌」，他相信一個述説佛陀故事的東方編舞者，或許可以在戰後的柬埔寨參與兒童心理復健的工作。

這個機構和聯合國世界衛生組織合作，幫助柬埔寨的戰後兒童心理治療復健。內戰結束，許多戰爭孤兒在戰亂中飽受驚嚇，他們像不斷被施暴虐待的動物，縮在牆腳，恐懼別人靠近，恐懼觸摸，恐懼依靠，恐懼擁抱。

懷民接受了這個邀請，在金邊一個叫雀普曼的中下層居民混居的社區住了三星期，帶青年義工整理傳統舞蹈。

傳統舞蹈從小要練習肢體柔軟，印度教系統的肢體，數千年來彷彿在闡述水的漣漪蕩漾，彷彿一直用纖細柔軟的手指訴説著一朵朵花，慢慢從含苞到綻放。吳哥窟的牆壁上，每一個女神都在翩翩起舞。上身赤裸，腰肢纖細，她們的手指就像一片一片的花瓣展放。整個印度到東南亞洲，舞者都能讓手指向外彎曲，彷彿沒有骨節，曼妙嫵媚。女神常常捏著食指、大拇指，做成花的蓓蕾形狀，放在下腹肚臍處，表示生命的起源。其他三根手指一一展開，向外彎曲，就是花瓣向外翻捲，花開放到極盛。然而，手指也一一向下彎垂，是花的凋謝枯萎。東方肢體裡的手指婀娜之美，也是生命告白。生老病死，成住壞空，每一根手指的柔軟，都訴説著生命的領悟，傳遞著生命的信仰。

一些青年義工學習壓腿，撇手指，手肘外彎，讓肢體關節柔軟。柔軟是智慧，能柔軟就有包容，能柔軟就有慈悲。這些青年學習結束，分散到內戰後各處村落，帶領孩子跳舞，帶領飽受驚嚇的戰後兒童放鬆自己的身體，可以相信柔軟的力量，可以從恐懼裡升起如蓮花初放一樣的微笑，可以手舞足蹈。

我坐在地上看他們舞蹈，看他們微笑，那是闍耶跋摩七世曾經有過的靜定的笑容，在吳哥城門的每一個角落，在巴揚寺每一座高高的尖塔上，在每一個清晨，被一道一道初起的曙光照亮。一百多個微笑的面容，一個一個亮起來，使每一個清晨都如此美麗安靜。

那些微笑是看過屠殺的，十五世紀的大屠殺，二十世紀的大屠殺，祂都看過，祂還是微笑著，使人覺得那微笑裡都是淚水。

懷民跟孩子一起上課，不是教跳舞，是在一個木柱架高的簡陋木頭房子裡教兒童靜坐，教他們呼吸。把氣息放慢，緊張恐懼的孩子，慢慢安靜下來了，感覺到自己的身體，感覺到清晨的陽光在皮膚上的溫度，感覺到樹上的鳥的鳴叫，感覺到旁邊同伴徐徐的呼吸，感覺到空氣裡花的香味，感覺到漸漸熱起來的手指、關節、肺腑，漸漸熱起來的眼眶。

我也學他們靜坐，看到他們臉上被陽光照亮的微笑，是一尊一尊闍耶跋摩七世的微笑。那個在一生中不斷設立學校、醫院的國王，留下來的不是帝國，而是祂如此美麗的微笑。

金邊的計畫結束，去了吳哥，那是第一次到吳哥窟。許多地雷還沒有清除完畢，遊客被限制走在紅線牽引的安全範圍。每到一個寺廟神殿廢墟，蜂擁而來上百名難民，他們都是鄉下農民，誤觸地雷，斷手缺足，臉上大片燒灼傷疤，沒有眼瞳的空洞眼眶看著遊客，張口乞討……

嚮往偉大藝術的遊客，在文明的廢墟裡被現實如地獄的慘狀驚嚇……

美的意義何在？文明的意義何在？人存活的意義何在？

「斯陀含名一往來，而實無往來，是名斯陀含——」

看到廢墟角落默默流淚的受傷的遊客，能夠安靜我的仍然是《金剛經》的句子。

我一次一次去到廢墟現場，獨自一人，或帶著朋友，學習可以對前來乞討的殘障者合十敬拜，學習跟一個受傷或被觸怒的遊客微笑，學習帶領朋友清晨守候在巴揚寺，每個人一個角落，不言不語，靜待樹林高處初日陽光一線一線照亮高塔上一面一面微笑。我看到每一個朋友臉上的微笑，我知道自己也一定有了這樣的微笑。

這本書是寫給懷民的信，也紀念他十四年前三月七日至二十七日在柬埔寨為兒童所做的工作。

二〇一三年三月八日即將春分

蔣勳 於八里米倉村

推薦序

幻化之中，美所度脱

許悔之

很多年前決定去吳哥窟，可能是魅惑於王家衛電影《花樣年華》的結尾：梁朝偉對著吳哥的一個石洞，講他不與別人說的心事，並且永遠封存；也可能因為我的朋友黎煥雄去了吳哥之後，送我一冊非常動人的吳哥攝影集；又或許，我渴望逃避到一個充滿廢墟氣息的地方，想把自己死的心棄擲在我想像中一片廢墟如象塚般的吳哥——是啊，那時我覺得自己像一隻待死的象，思惟遲疑，步履維艱。

在那之前，是我生命中一個非常非常難熬的心靈的冬季，我無法忍受緣起緣滅，以為一切俱滅而空吧。

去吳哥之前，我到一家理容院，坐上座位，說我想要剃光頭。年輕的髮型設計師用悲憫的眼神看著我，彷彿以一種很古老、老至洪荒即存的溫柔，洞悉我。她不肯為我剃光頭，但她謹慎有禮的向我說明，我的頭型剃光頭並不適宜云云。帶著一種自棄的執拗，我繼續堅持。最後，這位我並不相識的年輕女子，用一種感同身受的音調向我說：「你有什麼傷心的事嗎？」

「你有什麼傷心的事嗎？」這句話讓我對一位陌生人掉下眼淚。

最後，這位年輕的女子幫我剪了一個三分頭。

退伍之後，從沒留過如此短髮的我，以一種決絕而自棄的心，去了吳哥。

大小吳哥城、城東、城北……一個又一個所在，我慢慢的逛、去看，憑藉著手頭少數的資訊，我在吳哥窟感受一種廢墟中奇譎的生命力。

虯結的樹，從石縫中鑽竄而出；陽光照著一張又一張石雕的臉，微笑的臉。

通常是因為國王自戀而有的雕像，但又隱隱的彷彿完全自在而露出微笑，想要去安慰眾生的佛的臉啊！

是癡迷眾生之一的國王？還是覺悟的佛？

印度教、佛教交迭競奪、拼貼而成的一個又一個遺址。

那些教人目眩神迷、忍不住讚歎的遺址。

不是已然成了廢墟嗎？為什麼又給了我那麼不凡的鼓舞？

生住異滅，成住壞空。

有一天，行走在大吳哥城的城上通道，我坐在廢墟之上讀Dylan Thomas的詩，陽光明亮無比，倏忽又隱而不見，只剩下微光。微光冉冉，瞬間又日照熾然。

如是往復，彷彿剎那日光，剎那月光，波動的心都在光中，日光與月光遍照。

我坐在廢墟的高處，極目所及，彷彿泰國的大軍來襲，和柬埔寨的士兵血戰，刀槍箭矢如雨，藤甲盾牌蔽日，象群轟轟然欲裂地踏踐而來，血流成河，屍積成山。爭戰過後，大瘟疫到來。

是因為瘟疫嗎？一座設計既宏偉又精細的大城，就這樣被遺棄、被遺忘了。

吳哥廢墟，因為是石城，火不能燒，敵人也只能撤離，任憑時間緩慢地讓一座空城，慢慢的掩埋在大海般的樹林裡，為人所遺忘。

這是我的幻覺嗎？

抑或有一世，我正是吳哥城裡雕佛的匠人？被徵召入了行伍，也參與過一次血戰？也殺過人？還是被人殺過？

佛說原來怨是親。

在死亡之前，在時間之前，吳哥的諸多廢墟宛若在講說諸法因緣生、諸法因緣滅；

又彷彿，在不可知的因緣流轉裡，往昔因緣難數清亦難思議，所以怨、親，也就平等了。

我留著極短的三分頭，去了吳哥，發現心未死透，回到台灣。不多久，蔣勳老師的《吳哥之美》出版了。

在一個夜晚，我捧讀《吳哥之美》，看著一處又一處我到過的所在，讀著蔣老師既通透又多情的講說，喟嘆有之！

在那個夜晚，我以為《吳哥之美》是為孤獨破敗如我而寫，是為了總結我的廢墟之旅而寫的。在那被時間掩埋而重新被發現的處所，蔣老師用美的角度，轉圜並度化了吳哥做為因緣和合、幻化而有之中所示現的苦難、變易與不堪。所有的苦難、變易與不堪，在一種接近空性的體會之中，可以喟嘆，但也可以任由悲喜自生吧。

悲喜都會過去，真心打鑿雕刻諸佛的工匠的真心，忽然現前。

我彷彿了解，自己所執著的人間情誼的關係之斷裂，似乎沒那麼痛了，宛若吳哥，宛若紅樓一夢，劫波過後、幻化之中，糾結的大樹還是從石縫中生長出來，在死絕中復有生機。

《吳哥之美》遂變成了聽我說不可為他人道之心事的吳哥石洞。

這麼多年來，若有人問我，最喜歡蔣老師哪一本書，我都毫無遲疑地說：《吳哥之美》。

觀諸法空，無所障礙。吳哥，正是說法者。

法，是宇宙萬有，一個念頭、一座廢城亦復如是。

蔣老師是生生世世之慧而得如此觀看之眼吧。

知道在廢墟之中，有過生，有過死，有過繁華，有過人去城空。

可是空中，並非什麼都沒留下來，也非什麼都沒有。

空中萬有。那些認真被創造出來的石城、石雕，那些認真凝視的眼神，交感互通而成為美吧。

美，救贖了早已成為廢墟的吳哥。

蔣老師那麼溫柔而包容的言說，讓當年讀《吳哥之美》的我，以為這本書是對我一人而說。

過往盡成廢墟，未來不可知悉，唯有當下教我們萬般珍惜。

惜取而今現在，珍重萬千；然而，就是當下也不能執取。

那個抄經度日的冬天，那個想要剃光頭的時節過後，《吳哥之美》和吳哥遂一起成為我被救贖、度化的印記吧。

破曉微光照在石城、石雕，石雕上微笑的臉。

今新編《吳哥之美》增添了文字和圖片，將以新貌面世，我彷彿看見那個年輕時的自己。

我站在時間之河的下游向他說：

去吳哥吧！晚一些，你會讀到《吳哥之美》這本書，你會知道，幻化之中，因真心而成就的美之所度脫；你會明白，劫難之中，你的心可以很柔軟。柔軟的心啊，終將近乎於空，那時，就沒什麼可以損污傷害滅滅你了；那時，陽光就照亮巴揚寺石雕那微笑的臉了。

推薦序

老師的聲音

林青霞

認識蔣勳是先認識他的聲音。朋友送了由他導讀《紅樓夢》的碟片給我，我聽得入了迷，心想怎麼會有那麼好聽的聲音？《紅樓夢》這本家喻戶曉的古典文學名著，透過他那抑揚頓挫、醇厚而富有磁性的聲音，把我帶入了曹雪芹浩瀚的文學世界。總喜歡在夜闌人靜的時候聽他娓娓訴說大觀園裡的人、事、情。經過蔣勳的詮釋和解析，《紅樓夢》變得立體了，彷彿自己曾在大觀園裡待過，跟書裡的人物似曾相識。聽《紅樓夢》能引我入夢，經常在半夢半醒間，房裡還繚繞著蔣勳的聲音，有時竟然夢裡也有紅樓夢。

後來聽說蔣勳星期五在台北開講《紅樓夢》，我趁回台探望父親的時候一定去聽他的課。第一天上課，帶了一張我曾經飾演過賈寶玉的《金玉良緣紅樓夢》碟片，放在櫃台轉交給他，就坐在右後方不起眼的地方。那是在衡陽街一家書店的二樓，窗外可以看到總統府。蔣老師不急不徐地走到窗前坐下，優雅而有書卷味。那天講的是寶玉的丫頭晴雯：

寶玉聽了晴雯喜歡撕扇子，便笑著把手中扇子遞與她，晴雯果然接過來撕得嗤嚮，二人都大笑，寶玉笑道：「古人云，『千金難買一笑』，幾把扇子能值幾何！」……

晴雯心比天高風流靈巧招人怨，終究落得被趕出賈府。寶玉去看她，她病裡將左手上兩根蔥管一般的指甲齊根鉸下交給寶玉，並將自己貼身穿著的一件舊紅綾襖脫下，和寶玉的襖兒交換穿上……

聽得我如醉如癡，兩小時很快就過去了。老師合上書本，我還意猶未盡，並因為過了一個有意義的下午而感到幸福。

知道蔣老師要以更文學的質感，重新出版《吳哥之美》。我到書架找出這本書，扉頁上有老師的簽名，日期是二〇〇五年十二月三十日。是的，我是在〇五年認識他的。因為太喜歡聽他講課，之後才又參加他帶領的文化旅行到吳哥窟。我帶的唯一一本書就是《吳哥之美》。晚上讀它，白天讀他。一行二十人跟著他的腳步走遍吳哥窟，吳哥窟裡幾乎每個地方都留下了老師的聲音。

我們每天流連在吳哥古城的廢墟裡，想像它曾經擁有的輝煌歲月和感嘆如今的斷壁殘垣。跟著老師瀏覽吳哥寺迴廊的八百尺長浮雕，聽他敘述刻在上面的神話故事。以虔誠朝聖的心情，爬上許多通往寺廟又高又陡的千年巨石階梯。最讓我讚歎的是，闍耶跋摩七世晚年為自己建造的陵寢寺院巴揚寺，四十九座尖塔上一百多個大佛頭，隨著一道道黎明曙光的照射，一尊跟著一尊閃出慈悲靜謐的微笑，那個微笑就是高棉的微笑。老師說《金剛經》的經文最不易解，但巴揚寺的微笑像一部《金剛經》。黃昏時候，我們坐在高高的古寺石檯上，看著太陽還沒隱去、月亮已經出現了的蒼茫暮色。蔣勳帶領的吳哥文化之旅，除了觀賞古蹟遺址，同時也是一種修行，是心靈的洗滌、是智慧的旅程，吳哥之旅因為有了他的導覽而顯得圓滿。

聽了蔣勳的有聲書八年，跟他學了些對美的鑑賞和文學寫作知識，他的聲音能安定我的心，彷彿跟他很熟悉，其實見面並不多。很欣賞他進退應對的從容淡定，據他說是受母親的影響。經常穿著棉製衣服，腳踩一雙休閒鞋，頸上圍著一條紅圍巾，舉措之間頗有禪味。聽說他經常唸《金剛經》和打坐。我書房裡有一幅他打坐四十五分鐘後書寫的墨寶「潮來潮去　白雲還在　青山一角」，藏青和淺金裝裱，清貴而有氣

蔣勳和狄龍、徐克、施南生、陶明敏、林青霞（由右至左）於吳哥。

質，字體很有弘一法師的風格。

有一次好奇地問他，為什麼講了幾小時的課，聲音還是那麼清脆，一點也不沙啞？他說他曾經學過聲樂。老師說出來的聲音好聽，沒有說出來的聲音也好聽，那是他的心聲。

在《吳哥之美》一書中，他以書信的方式，文學的筆觸，介紹吳哥的美，也讓我們聽到他的心聲：「吳哥窟我一去再去，我想在那裡尋找什麼？我只是想證明曾經優秀過的文明不會消失嗎？而我的文明呢？會被以後的人紀念嗎？或者，我們只有生存，還沒有創造文明？吳哥窟是使我思考自己最多的地方。」

我總是陶醉在他的聲音裡，沉迷在他的文學、美學和思想的領域裡，願意做他永遠的學生。

感動推薦

吳哥有情，蔣勳有學，交遊有得。

——狄龍

我記得童年時，部分家人曾僑居吳哥窟。看到父親旅行吳哥窟的照片（約一九五五年），每張小小的相片裡，都有很多石雕的巨臉，景色像童話的怪異世界，隱藏無數令人意想不到的故事。

二〇〇五年，我隨蔣勳老師團隊，帶著複雜的心情造訪吳哥窟，終於看到這個曾經傲視人類的皇朝，從神秘密林中，被人揭開充滿歷史痕跡的面貌。這個驚世的古國，從高度善良、極度浪漫的理想中靜默淡出，百餘年後在世人眼前再出現，帶著過去的悲情，跟現代文明緊密接駁起來。

蔣老師對吳哥窟的介紹和迷人詮釋，令無數懾人心靈的景點更充滿生命。

那次一行，相隔兩個星期後，我再度參加蔣老師另一個團隊。再踏足吳哥窟，感受更深。至今，吳哥窟的日落、日出、佛節夜會、月色下巨大石雕的面相，記憶仍栩栩如生，上千僧人在森林誦經的鳴聲猶在耳邊。

吳哥窟的故事，勸告了我們，人類必須關注生命的尊嚴及寶貴意義。謝謝蔣老師帶給我的體會及感受。

——徐克

大吳哥城

［第一部］

THE BEAUTY OF ANGKOR

PART 1

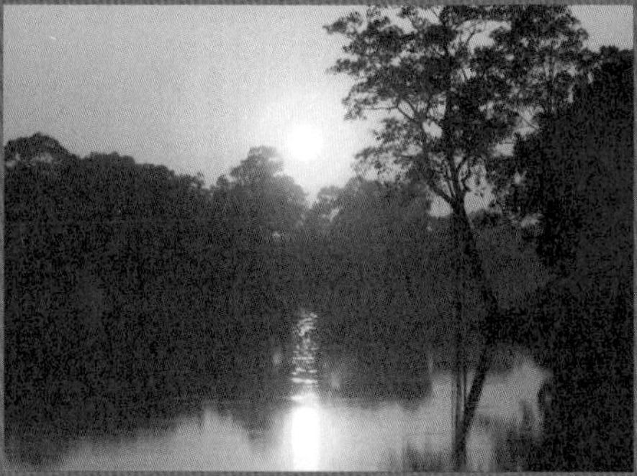

當一切的表情一一成為過去，
彷彿從污泥的池沼中升起一朵蓮花，
微笑成為城市高處唯一的表情，包容愛恨，超越生死，
通過漫長歲月，把笑容傳遞給後世。

遠眺繁華興落，山丘上的國廟——巴肯山

巴肯寺・寺塔浮雕

第一章　巴肯山

印度教信仰中，宇宙的中心是須彌山，
「山」成為中心、穩定的象徵。
沒有巴肯山的高度，或許我看不到
吳哥王朝原來是我靜坐時短短的一個夢……

羅洛斯遺址（Roluos）是耶輸跋摩一世（Yasovarman I，在位889～908註）之前真臘王國的舊都，位置在今天暹粒市（Siem Reap）東南方十三公里的地方。耶輸跋摩一世繼承父祖在羅洛斯的經營，建王城，修築水利工程，最後卻放棄了羅洛斯，選擇偏西北的「吳哥」做為新的國都。

他為什麼遷都？為什麼選擇了「吳哥」做為王朝的新都？

歷史上似乎存留著許多不可解的謎。

今天吳哥窟留下好幾代的建築，著名的巴揚寺（Bayon）、吳哥寺（Angkor Wat）都

註：耶輸跋摩一世在位期間另有西元889～910年等說法。

是一般遊客觀光的重點。但是，如果要追究耶輸跋摩一世為何遷都的原因，也許應該攀登一次巴肯山（Phnom Bakheng）。

巴肯山在吳哥城（Angkor Thom）南門外，是一座並不高的孤立山丘，但山勢峭立陡峻，攀爬起來並不容易。

巴肯山是自然的山丘，真臘王朝自從接受印度教之後，一直有對「山」的崇拜。舊都羅洛斯遺址是河流邊的沖積平原，並沒有山。耶輸跋摩一世的父親因陀羅跋摩一世（Indravarman I，在位877～889）在羅洛斯舊都修建普力科寺（Preah ko）、巴孔寺（Bakong），甚至耶輸跋摩一世最後修建的洛雷寺（Lolei），都還沒有從地景上選擇突出的「山」的象徵意義。

九世紀末，耶輸跋摩一世遷都吳哥，建了一座四公里見方的王城，並且選擇了巴肯山做為國家寺廟的所在。依照山勢，鋪砌一層一層石階，直通山頂。在山頂置放象徵父系宗祠的男性生殖器石雕（Linga），在石碑上註明了建廟的紀年：西元九〇七年。

比較耶輸跋摩一世八九三年在舊都修建的洛雷寺，和九〇七年他在新都修建的巴肯寺，短短十幾年間，真臘王朝的寺廟建築，從羅洛斯遺址平面發展的風格，轉變為向上做「山」的崇高峻偉追求，似乎不但是真臘王朝逐步朝氣勃勃新興的開始，從此強盛了兩、三百年，同時也正是吳哥建築美學思考自我信仰風格的起點。

印度教信仰中，宇宙的中心是須彌山（Meru），「山」成為中心、穩定的象徵。羅洛斯遺址的巴孔寺已經用寺塔的形式追尋「山」的象徵，是在平面基地上，利用石階及向上累建的壇，一層一層來完成「山」的意象。

巴肯寺修建在山丘上，是新都的另一座國家寺廟，也是吳哥王朝第一座藉助自然的山丘形勢來建廟的建築。

考古學者發現了巴肯寺的外圍長六百五十公尺、寬四百三十六公尺的長方形壕溝，可以說明在羅洛斯舊都預防水患的壕溝水渠工程，也被移用到新的建築形式中。事實上，如此高峻的山丘，寺廟在山頂，似乎可以不再需要護寺壕溝，但是，建築形式的傳統顯然被保留了下來。

巴肯山腳下也發現了四座紅磚建造的塔門，其中北門、東門、西門，有三條通道登上山頂，把整座山規範成一座寺廟。東門是日出的方位，應該是當年最主要的通道，至今還殘留兩座巨大的石獅雕刻，守護著莊嚴的國家寺廟入口。

羅洛斯遺址的寺廟大多還用磚造，而巴肯山的石階、寺塔都已表現出成熟的石材雕刻與建築風格。石階和兩側石牆的砌造都非常精準，石獅的雕法渾厚大氣。張口昂首

在自然的山丘上，巴肯寺仍用建築形式完成崇高的「山」的象徵。（攝影：西泊殘影）

遠眺平野的獅子，一尊一尊，守護在石階通道兩側，介於寫實與抽象之間，精神昂揚奮發，好像見證著新遷都的國勢蒸蒸日上。

巴肯山的高度有六十七公尺，其實是一座不高的山丘，山頂修建了寺廟。登上山頂，可以環視山腳下全部吳哥王朝最重要的建築。

當初耶輸跋摩一世遷都到這裡，登上山頂，四面還是一片未開發的叢林。他選擇了此處做為帝都，此後兩、三百年，從巴肯山開始，吳哥王朝要在這片土地上一點一點織出錦繡。

Ming，我在落日蒼茫裡上山，覺得自己像是一座守護歷史的石獅，安靜蹲坐著，看眼前一片江山。

寺廟壇台分五層，底座的一層長七十六公尺，一層一層，逐步縮小，最上一層長四十七公尺，在自然的山丘上，仍然用建築形式完成崇高的「山」的象徵。底座壇台四周圍繞四十四座磚塔，磚塔大大小小、疏疏密密，每一座塔也象徵一座山，用來突顯中央須彌山的永恆穩定。除了第一層壇台四周的四十四座磚塔以外，各層四周及通道兩側，也都布置了小小的石塔，總共有六十座之多。

到了最高一層壇台上，圍繞著中央寺塔，一共有一〇八座小塔。一〇八是印度教宇

安靜蹲坐的石獅，守護在巴肯寺的石階通道兩側。（攝影：西泊殘影）

宙秩序的總和數字，以後也常被佛教沿用。

Ming，許多人在暮色漸漸黯淡下來的光線裡靜靜坐著，好像一尊一尊剪影，都變成了守護神殿的石獅。他們好像本來就在這裡，等遊客陸續下山之後，他們便回來找到了自己原來的位置，一動不動，遠眺自己永恆的時光國度。

向東的方向，可以俯瞰一條荒煙蔓草間的小路，曲曲折折，曾經是許多修行者上山前匍匐頂禮的道路。在道路中央有信徒建了亭子，供奉佛的足印。他們相信足印永遠留在道路上，修行的漫長道路上都是一個接一個的信徒的足印。

向東南方向，可以看到華麗莊嚴的吳哥寺，方方正正的布局，是吳哥王朝鼎盛時期的國家寺廟，從這樣的高度看下去，更是氣象萬千。

不知道九〇七年在巴肯山上祀奉宗廟的耶輸跋摩一世，站在我今天的位置，看到落日蒼茫，是否能夠預知整整兩百年以後，他的後代子孫要在那一片叢林間修建起世界上最大的寺廟建築。不知道他是否能夠預知，整整三百年後，那一片華麗的建築又要被戰爭病疫包圍，人民四散逃亡，熱帶迅速蔓延的雨林將一點一點吞食掩沒掉所有的寺廟宮殿。

他是否又能看到一千年後，這片土地淪為外族的殖民地，法國殖民此地九十年。剛

從巴肯山遠眺吳哥寺。

剛獨立不久，此地又起內戰，淪為人間最殘酷的屠場，人與人彼此以最酷虐的方式對待，屍橫遍野，血流成河。

Ming，沒有巴肯山的高度，或許我看不到吳哥王朝原來是我靜坐時短短的一個夢。我是落日裡發呆的一頭石獅，看到夜色四合，看到繁華匆匆逝去，不發一語。

我默唸《金剛經》的句子：「無有一眾生實滅度者——」

走在莊嚴的引道上，冥想文明——巴芳寺

THE BEAUTY OF ANGKOR

CHAPTER 2

巴芳寺・引道列柱

第二章　巴芳寺

帝國是會消逝的，繁華也時時在幻滅中，
但是，帝國在繁華時不容易有領悟。
走到巴芳寺，樹下靜坐片刻，會有少許憬悟的可能嗎？

Ming，皇宮的意義是什麼？

我今天在吳哥王朝昔日的皇宮附近漫步。我走到象台（Terrace of the Elephants），看到寬度達三百五十公尺的寬闊平台，四周用巨石砌造，石頭大多雕刻成象的造形，渾厚大氣，可以看到一個文化昔日輝煌繁榮的盛世景象。平台前有極寬闊的廣場，可以感覺到當年君王在象台上接見外賓，或檢閱軍隊的氣勢。

象台是當年王朝政治權力的中心象徵，雖然原來石台上木構造的建築都已不見，還是不難從現有的尺度，感覺到昔日帝國強盛的程度。

Ming，帝國又是什麼？

我們心目中的「國家」、「皇室」、「帝國」、「王朝」，在辭典上一定有具體而明確的註解吧！

但是我想質問的，好像又並不只是辭典上的解釋。

我在昔日華麗而今日已成荒煙蔓草的地方漫步徘徊，我也許想知道的是「國家」、「帝國」、「王朝」如何形成、如何擴張，又如何鞏固、如何延續。我更根本的問題可能是：「帝國」的存在，對誰有意義？「國家」對人民的意義是什麼？

我當然也在想，我今天居住的城市，我今天居住的島嶼，一千年後，有一個觀光客走來，他在遺址廢墟裡會找到什麼？他會對我今日生活的內容有好奇嗎？他會景仰我們今日的生活嗎？他當然對我們今日權力和財富的掠奪沒有興趣，他或許會在我們今日留下的建築裡徘徊，凝視一件我們今日的產品，思索我們的文化品質，而那件產品會是什麼？

吳哥窟我一去再去，我想在那裡尋找什麼？我只是想證明曾經優秀過的文明不會消失嗎？而我的文明呢？會被以後的人紀念嗎？或者，我們只有生存，還沒有創造文明？

Ming，吳哥窟是使我思考自己最多的地方。

定都在吳哥的真臘王朝，君權與神權合一，每一位君王，事實上，也就代表一位天神在人間的統治。人民可以懷疑君王，但不能懷疑神。神是絕對的權力，人民只有服從，因為有天神授命，再不合理的統治，也都必須接受。象台西方的「天宮」（Phimeanakas）正是國王接受天神指令的地方，所以元代的周達觀才會記錄到：「土人皆謂塔之中有九頭蛇精。」而這所謂「九頭蛇精」，是印度教的「龍神」（Naga），正是統治者假借的天神符號，使人間的統治有天神的支持。如同古代中國皇帝稱自己為「真命天子」、「奉天承運」，都是把君權偽裝為神權，方便統治人民。

吳哥王朝留下數百座寺廟，基本上也是高度神權化的表現。這些寺廟一方面敬奉神明，另一方面也常常是國王的陵寢，在信仰儀式上，也把君主的身分與天神合而為一。

因此，每個國王即位，都會為自己修建「國廟」，同時祭拜自己，也祭拜自己屬於天神的身分。

對現代人而言，很難了解君權統治與神權的關係，但是吳哥王朝所有的文化都建立在「神王合一」的基礎上，是解讀此地的寺廟建築、雕刻藝術，甚至儀式空間，必要

巴芳寺入口塔門，和長達一百七十二公尺的引道。（攝影：陶世恩）

的哲學背景。

在目前皇宮遺址的附近，有一座巨大的寺廟，叫做巴芳寺（Baphuon），這裡也就是烏岱亞迪亞跋摩二世（Udayadityavarman II，在位1050~1066）所修建的國廟。

巴芳寺在周達觀的《真臘風土記》裡也有記載，他稱為「銅塔」：「『金塔』之北可一里許，有『銅塔』一座，比金塔更高，望之鬱然，其下亦有石屋十數間。又其北一里許，則國王之廬也，其寢室又有金塔一座。」

周達觀為什麼用「銅塔」來稱呼巴芳寺，已經無法查考。他大多時候用「金塔」，極有可能當時吳哥王朝的寺塔，表面多覆有金箔。

周達觀會注意到巴芳寺，正是因為巴芳寺的位置緊緊挨著皇宮的南面。巴芳寺北邊的圍牆，長達四百二十五公尺，正好沿著皇宮外圍南邊的護城河。巴芳寺本身反而沒有排水壕溝的設計，似乎與皇宮共用了同一條護城河。

巴芳寺目前已是一片廢墟，唯一清楚留存的是長達一百七十二公尺的引道。引道從入口塔門開始，用一公尺高的圓形石柱架高，上面鋪石板，圓形石柱間距很密，上下都有柱頭雕花。用這樣密而講究的列柱支撐，使引道顯得特別莊嚴，好像為特定人物鋪的紅毯一般。

巴芳寺引道下方的圓形列柱，密而講究。

巴芳寺修長筆直的引道，走在上面，使人產生肅穆安靜的感覺，反而會忽略寺院正殿的存在。

巴芳寺正殿是正方略長的建築布局，東西長一百三十公尺，南北寬一百零四公尺，外圍有牆，四面都有塔門。

正殿是五層逐漸向上縮小的金字塔形建築，也就是吳哥受印度教影響的山形神殿，一層一層加高，象徵須彌神山。巴芳寺最高的塔尖是二十四公尺，的確是皇宮附近最高的建築，因此會受到周達觀的注意吧！

Ming，巴芳寺使我冥想。我走在長長的引道上，走到底端，應該面對正殿的高峻雄偉，可是，我看到的不是高聳的寺塔，卻是一片亂石土堆，看起來像一堆墳塚，像我在西安看到的漢武帝的茂陵，筆直的墓道，也是通向一個巨大的土堆。

土堆是所有人的真正結局嗎？或者，只是一片灰煙？

我讀了一些法國人的資料，原來殖民地時期，一九六〇年代，法蘭西遠東學院就曾經計畫修復這座著名的皇室寺廟。許多建築的石塊，先編好號碼，做了登記，再拆散解體，準備重建，重新組合。但是學院的工作被迫停止，法國殖民結束，柬埔寨（Cambodia）獨立，內戰爆發。許多和法國學者一起工作的技術人員都被視為殖民的

巴芳寺正殿。（攝影：陶世恩）

幫兇，激烈的愛國主義變質為兇殘的、對自己同胞的報復，一切文化都被認定是資產階級的附庸。一九七〇至一九九二年，長達二十年的內戰，數百萬人被屠殺，巴芳寺的整修計畫當然被棄置。更糟糕的是，原有的編號資料被毀，技術人員被殺。戰後負責整建工作的人員，來到巴芳寺，看到的是一片廢墟，滿地亂丟的石塊，完全失去了頭緒，整建工作好像大海撈針。

文明是需要延續的，然而天災人禍一再打斷文明，好像總是要重新開始。現在被戰爭摧殘的伊拉克，也就是古文明的美索不達米亞，因為殘酷的戰爭，文明再次被打斷。

Ming，我今天在巴芳寺庭園一角，坐在一棵大樹下，身邊是一塊一塊散置的石頭，我和一些同行的朋友談起有關巴芳寺整修的故事，一剎那間，好像聽到石塊裡的哭聲或笑聲，它們好像要站立起來，要努力走到自己原來在的地方，重新組成巴芳寺。

巴芳寺從一九九九年開始封閉，由聯合國修復計畫進駐，我們坐在樹下，遠遠可以看到寺塔周邊搭了鷹架，許多工人正在工作。Ming，此刻是二〇〇四年的年初，修復的計畫在今年底就要完成，我此刻坐著的這一塊石頭，也要找到它應有的位置吧！那時，我想重來這裡，看一看新整修好的巴芳寺，找到我對文明連續的信心。

每一塊石頭，都有它在文明中應有的位置。

因為整修，正殿此刻無法進入，我從法國人出版的圖冊裡，看到殿後西側有一尊巨大的臥佛。據推測是在十五世紀以後，拆除了部分原有建築，用拆下來的石塊建造的臥佛。但是從圖片上來看，這尊臥佛似乎也沒有完成，只是用無數石塊砌疊成躺臥的人形，眉眼都沒有細雕，樸拙渾厚，有點像塔高寺（Ta Keo）。

會有象徵入於涅槃的臥佛出現，是因為吳哥文化已經從印度教改信大乘佛教。在巴芳寺，也可以觀察到宗教信仰不同階段影響到的藝術表現。早期塔門牆上的浮雕，有以《羅摩衍那》（*Ramayana*）為主題的故事，羅摩（Rama）和兄弟拉克希摩那（Lakshmana）手持弓箭，站立在馬車前，正準備與惡魔一戰。

或者，也有來自《摩訶婆羅達》（*Mahabharata*）的主題，英雄阿周那（Arjuna）跪在地上，接受濕婆（Shiva）大神賜給他具有魔法的神奇武器。印度的兩大史詩，還是藝術家創作的主要依據。

帝國其實是會消逝的，繁華也時時在幻滅中，但是，帝國在繁華時不容易有領悟。我們今天走到巴芳寺，樹下靜坐片刻，會有少許憬悟的可能嗎？

無所不在的「高棉的微笑」——巴揚寺

巴揚寺・佛頭寺塔

攝影：陶世恩

第三章　巴揚寺

巴揚寺四十九座尖塔上一百多面靜穆的微笑，
一一從我心中升起，彷彿初日中水面升起的蓮花，
說服我在修行的高度上繼續攀升……

吳哥王朝的建築端正方嚴，無論是尺度甚大的吳哥城，或是比例較小的寺院，都是方方正正的布局，有嚴謹的規矩秩序。

宇宙初始，在一片混沌中，人類尋找著自己的定位。

中國「天圓地方」的宇宙論，在漢代時已明顯具體地表現在皇室的建築上。「明堂」四通八達，是人世空間的定位；「辟雍」是一圈水的環繞，象徵天道循環時間的生息不斷。

吳哥王朝來自印度教的信仰，空間在嚴格的方正中追求一重一重向上的發展。通常

寺廟建築以五層壇城的形式向中心提高，由平緩到陡斜。每一層跨越到另一層，攀爬的階梯都更陡直。角度的加大，最後逼近於九十度仰角。攀爬而上，不僅必須手腳並用，五體投地，而且也要專心一意，不能稍有分心。在通向信仰的高度時要如此精進專一，使物理的空間借建築轉換為心靈的朝聖。稍有懈怠，便要摔下，粉身碎骨；稍有退縮，也立刻頭暈目眩，不能自持。

壇城最高處是五座聳峻的尖塔。一座特別高的塔，位於建築的中心點，是全部空間向上拔起的焦點，象徵須彌山，是諸神所在之地。

歐洲中世紀的哥德式教堂也追求信仰的高度，以結構上的尖拱、肋拱、飛扶拱（Flying Batress）來達到高聳上升的信仰空間。

但是，哥德式大教堂的信仰高處，只能仰望，不能攀爬。

吳哥寺廟的崇高，卻是在人們以自己的身體攀爬時才顯現出來的。

在通向心靈修行的階梯上，匍匐而上，因為愈來愈陡直的攀升，知道自己必須多麼精進謹慎。沒有攀爬過吳哥寺廟的高梯，不會領悟吳哥建築裡信仰的力量。

許多人不解：這樣陡直的高梯不是很危險嗎？

但是，從沒有虔誠的信徒會從梯上墜落，墜落的只是來此玩耍嬉戲的遊客。吳哥寺廟的建築設計當然是為了信徒的信仰，而不會是為了玩耍的遊客。

我一直記得吳哥寺的階梯，以及巴揚寺的佛頭寺塔。

巴揚寺是闍耶跋摩七世（Jayavarman VII，在位1181～1219註）晚年為自己建造的陵寢寺院。他已經從印度教改信了大乘佛教，許多原始慾望官能的騷動，逐漸沉澱昇華成一種極其安靜祥和的微笑。

使我在階梯上不斷向上攀升的力量，不再是抵抗自己內在恐懼慌亂的精進專一，而似乎更是在寺廟高處那無所不在的巨大人像臉上靜穆的沉思與微笑的表情。

闍耶跋摩七世使吳哥的建築和雕刻有了新的風格。

印度教觀看人性的種種異變，就像吳哥寺石壁上的浮雕，表現印度著名史詩《羅摩衍那》的故事。羅摩的妻子喜妲（Sita）被惡魔拉伐那（Ravana）搶走了，天上諸神因此加入了這場大戰：天空之神因陀羅（Indra）騎著三個頭的大象；大翼神鳥迦魯達（Garuda）飛馳空中，載著大神毗濕奴（Vishnu）降臨；猴王哈努曼（Hanuman）也率徒眾趕來，咧張著嘴唇的猴子，圓睜雙目，露出威嚇人的牙齒……

戰爭，無論諸神的戰爭或是人世間的戰爭，到了最後，彷彿並沒有原因，只是原本人性中殘酷暴戾的本質一觸即發。

闍耶跋摩七世最後統治年份，另有西元1215、1220年等說法。

巴揚寺四十九座尖塔上有一百多面靜穆的微笑。（攝影：陶世恩）

晚年的闍耶跋摩七世，年邁蒼蒼，經歷過慘烈的戰爭，似乎想闔上雙眼，冥想另一個寧靜無斷殺之聲的世界。

我攀爬在巴揚寺愈來愈陡直的階梯上，匍匐向上，不能抬頭仰視，但是寺廟高處四十九座尖塔上一百多面靜穆的微笑，一一從我心中升起，彷彿初日中水面升起的蓮花，靜靜綻放，沒有一句言語，卻如此強而有力，説服我在修行的高度上繼續攀升。

戰爭消失了，屍橫遍野的場景消失了，瞋怒與威嚇的面孔都消失了，只剩下一種極靜定的微笑，若有若無，在夕陽的光裡四處流盪，像一種花的芳香。連面容也消失了，五官也消失了，只有微笑，在城市高處，無所不在，無時不在，使我想到經典中的句子：不可思議。

這個微笑被稱為「高棉的微笑」。

在戰亂的年代，在飢餓的年代，在血流成河、人比野獸還殘酷地彼此屠殺的年代，他一直如此靜穆地微笑著。

他微笑，是因為看見了什麼？領悟了什麼嗎？

或者，他微笑，是因為他什麼也不看？什麼也不想領悟？

美，也許總是在可解與不可解之間。

沒有攀爬過吳哥寺廟的階梯，不會領悟吳哥建築裡信仰的力量。

可解的，屬於理性、邏輯、科學；不可解的，歸屬於神秘、宗教。而美，往往在兩者之間，「非有想」、「非無想」。《金剛經》的經文最不易解，但巴揚寺的微笑像一部《金剛經》。

那些笑容，也是寺廟四周乞討者和殘疾者的笑容。

他們是新近戰爭的受難者，可能在田地工作中誤觸了戰爭時到處胡亂埋置的地雷，炸斷了手腳，五官被毀，缺眼缺鼻，但似乎仍慶幸著自己的倖存，拖著殘斷的身體努力生活，在毀壞的臉上認真微笑。

我是為尋找美而來的嗎？

我靜坐在夕陽的光裡，在斷垣殘壁的瓦礫間，凝視那一尊一尊、高高低低、大大小小、面向四面八方、無所不在的微笑的面容。遠處是聽障者組成的樂班的演奏，樂音飄揚空中。

我走過時，他們向我微笑，有八、九個人，席地坐在步道一旁的樹蔭下，西斜的日光透過樹隙映照在他們身上。一個男子用左手敲打揚琴，右手從肩膀處截斷了。拉胡琴的較年輕，臉上留著燒過的疤痕，雙眼都失明了。一名沒有雙腳的女子高亢地唱著。

巴揚寺的微笑像一部《金剛經》。（攝影：陶世恩）

我走過時，他們歡欣雀躍，向我微笑。

我知道，在修行的路上，還沒有像他們一樣精進認真，在攀爬向上的高梯間，每次稍有暈眩，他們的笑容便從心裡升起。

他們的笑容，在巴揚寺的高處，無所不在，無時不在。

哭過、恨過、憤怒過、痛苦過、嫉妒過、報復過、絕望過、哀傷過……一張面容上，可以有過多少種不同的表情，如同《羅摩衍那》裡諸神的表情。當一切的表情一一成為過去，最後，彷彿從污泥的池沼中升起一朵蓮花，那微笑成為城市高處唯一的表情，包容了愛恨，超越了生死，通過漫長歲月，把笑容傳遞給後世。

一次又一次，我帶著你靜坐在巴揚寺的尖塔間，等候初日的陽光，一個一個照亮塔上閉目沉思的微笑，然後，我也看見了你們臉上的微笑。

追索庶民生活的痕跡——巴揚寺的浮雕

巴揚寺浮雕・製陶作坊

第四章　巴揚寺的浮雕

在浩大壯觀的戰爭歷史場景裡，
活躍著細小不容易被發現的人民存活的快樂。
巴揚寺的石壁浮雕使我徘徊流連，
那些樸素單純的庶民生活引人深思……

來吳哥的外地遊客，著迷於看華美雄峻的建築，著迷於看精細繁複的雕刻，目不暇給。每日匆匆忙忙，滿眼看去都是偉大的藝術，大概沒有很多人有心思去想：當地一般老百姓是如何生活的？

吳哥王朝留下的建築雕刻，都是古代帝王貴族所有的神廟皇宮。當時的一般老百姓住在哪裡？當時的一般人民過什麼樣的生活？他們的食衣住行究竟和這偉大的藝術有什麼關係？我心裡疑惑著，不得其解。

Ming，我看到每一日圍繞在我們四周的小販、乞討者、兒童、戰爭裡受傷的殘障，男男女女，他們面目黧黑，瘦削，衣衫褸爛，卑微地乞求著一點施捨。忽然覺得自己在藝術上的陶醉這樣奢侈，也這樣虛惘。

大部分到吳哥的遊客害怕當地人，一堆小孩、乞丐、殘障擁過來，團團圍住，伸手向你要錢要東西。你的好心慈悲會引來更多的乞求者，像烈日下驅趕不完的蒼蠅蚊蟲，弄到最後，只有落荒而逃。對自己的無情殘酷深深懺悔自責，對悲苦的現實又絲毫沒有助益，許多觀光客的「悲憫」、「教養」、「善心」都在這裡受到了最大的考驗。

「藝術源自於生活」，也許是一句輕鬆又冠冕堂皇的話。真正要深究藝術與人的生活之間的關係，或許並不是三言兩語能夠說得清楚。

埃及的金字塔是帝王的墓葬，四千年以前陪葬品的精緻，令人歎為觀止。圖坦卡門（Tutankhamun）只是十八歲去世的年輕國王，墓葬中出土的金銀飾品，手工捶揲的精美，寶石鑲嵌技術的繁複，色彩搭配的準確和諧，造形的豐富創意，今日的美術工藝只有自歎弗如。也常常使人疑問：這些工匠的創造力與審美品質，遠遠超過今日美術的專業工作者，那麼，我們大費周章的美術教育專業訓練所為何來？

如果埃及的社會結構正是一個金字塔式的層級組織，所有我們今日欣賞的埃及藝術，其實是金字塔頂端最高層級、極少部分人所享有的生活內容。也可以想見，一個長達一千年的時代，絕大部分人的生活只是隨波逐流，在時間裡湮沒，沒有留下一點痕跡。他們用手製作出技術驚人的金銀器皿，但是他們一生無緣享用，他們生活裡可能只有土木製作的器物，只有草和樹皮編製的物件，這些物品隨時間腐朽風化，無法保留，留下來的是不朽的金銀珠寶，是巨大的石造建築。

用社會史的角度去看藝術，藝術的不朽或許只是一小部分的菁英擁有的特權。追問下去：希臘的雕像與誰有關？宋代的山水畫是哪些人在欣賞？如同我常常在想：台灣兩千三百萬人中，有多少人一生沒有進過故宮博物院和國家音樂廳？

假設兩千年以後，今天的台灣文明像吳哥一樣被發現，我們有什麼可以被稱為「藝術」的遺留使後人讚歎嗎？

我在蜂擁而至的乞討者包圍下胡亂地閃過一個巨大的疑問：為什麼在這樣大的吳哥城，我看不到任何庶民生活的痕跡？

在印度教的信仰影響下，整個吳哥城的重心都圍繞著宗教打轉。巨大高聳的寺廟無處不在，歷代統治者都花費大量人力物力，修築祀奉眾神的廟宇。

周達觀的《真臘風土記》記錄了他看到的吳哥王朝的庶民生活，有一句話說：「如

巴揚寺牆有長達一千兩百公尺的浮雕飾帶，像一部緩緩進行的電影。

百姓之家，只用草蓋，瓦片不敢上屋。」

關於帝王的宮室，周達觀記錄：「正室之瓦，以鉛為之；餘皆土瓦，黃色。」遺址的挖掘，鉛瓦、黃色的陶瓦都有發現，至於百姓居住的「草蓋」之廬，當然經歷了數百年，早已腐爛風化、蕩然無存。

無論寺廟或皇宮，所有的雕刻裝飾也以神佛為主，很少以真實的人間生活為主題。值得特別一提的例外是巴揚寺。這所由闍耶跋摩七世修建的陵墓寺廟，在四圍的石砌牆壁上刻滿浮雕，其中出現了難得一見的庶民生活的圖像。

在寺廟四圍，圍繞長達一千兩百公尺左右的浮雕飾帶，主要是以高棉人（Khmer）在十二世紀和占婆人的戰爭為主題。闍耶跋摩七世打敗占婆，吳哥王朝國勢達於巔峰，這所由他修建的寺廟，也因此留下了這一場戰役的歷史景象。篤信佛教的闍耶跋摩七世，改變了部分印度教信仰對眾神的崇拜，使藝術的內容從諸神的故事轉移到人的歷史。

戰爭的主調像一部電影緩緩進行。大象、車子駝載著貨物，士兵手持長矛，列隊而行。樹木繁茂扶疏，鳥雀在樹上鳴叫跳躍飛翔。男子都裸身，僅胯下纏圍一布，像台灣達悟族的丁字褲。

上：持矛士兵。下：百姓鬥豬。

這數量龐大的浮雕風格特殊，和其他寺廟表現神佛的莊嚴崇高不同。巴揚寺的浮雕傳達出庶民生活的活潑自由，雕法寫實而又豐富，長達幾十公尺的戰爭主題，層次如敘述詩一般，緩緩行進。樹林自然成為大襯景，感覺到生活的愉悅幸福。一棵樹姿態婉轉，樹莖樹葉平面展開，鳥雀布置其間，形式像漢代的畫像磚，但更多寫實細節。

戴著頭巾、留著絡腮鬍的占婆兵士，被高棉軍人用長矛刺殺，倒斃在地。高棉軍人孔武有力，身體骨骼肌肉的表現及動態的掌握都十分精準。這種以生活現實為主題的美術創作，來自對生活細節的認真觀察，也一定充滿了對現實人生熱情的關心與投入。

庶民的生活藉著戰爭的史詩被記錄了下來，也許要仔細特寫，才看得到浩大壯觀的戰爭歷史場景裡，活躍著細小不容易被發現的人民存活的快樂。

作坊裡一名陶工正專心在轆轤上用手拉坏，製作陶器，製好的陶坏正要送進窯中去燒。他們忙碌著，好像那戰爭與他們無關。

戰爭歸戰爭，庶民百姓還是要努力使自己開心生活。他們趴在地上，手裡抱著公雞，兩人面對面，吆喝著公雞上場互鬥。許多人看到這個場景不由會心一笑，直到今日，鬥雞仍然是南洋一帶庶民男子最常見的日常遊戲。

上：閒適下棋。下：婦人生產。

有人在市場木棚屋頂下賣魚，有人牽著野豬互鬥，有人腹中陣痛如絞、正要生產，有人悠閒地靜靜坐著下棋。

巴揚寺的石壁浮雕使我徘徊流連，那些樸素單純的庶民生活如此引人深思。

Ming，我走出吳哥域，在今日的暹粒市閒逛。大部分的柬埔寨人仍然居住在樹葉草稈搭建的屋子裡，草棚用兩、三公尺的木柱架高，有梯子可以上下，上層睡人，下層堆放貨物。長年炎熱，許多人就在戶外樹上拉一條簡便吊床，睡在樹間，自在搖晃，怎麼翻身也掉不下來，令人羨慕。

有一種樹如棕櫚，十餘呎高，當地居民在樹幹上鑿孔，引樹汁流入桶中，桶滿，將樹汁置鐵鍋中熬煮，用木杓慢慢攪拌。待水分蒸發，將稠黏的液體一小杓一小杓倒進竹片圍成的模具中，凝固成圍棋子大小的棕糖，十數顆一串，用棕葉包裹，拿到市上售賣。

我看他們製糖，談談笑笑，不慌不忙，像在巴揚寺的石壁浮雕裡，天災人禍都沒有使他們驚慌憂愁。我品嚐著棕糖的甘甜，覺得生活幸福美好，好像可以到寺廟叩拜，感謝神恩。

七百年前周達觀看到的皇宮——空中宮殿與象台

癩王台・浮雕

攝影：陶世恩

第五章　空中宮殿與象台

周達觀描寫國主在夜晚獨自登上天宮，
與代表神、天、土地或生殖的女蛇交媾，
這是民間對此儀式神秘性的傳說，
也使我對這座建築產生神聖的感覺……

周達觀在西元一二九六年到吳哥窟，停留了一年多，撰寫了《真臘風土記》。這本書是西方人在十九世紀研究吳哥城的最重要資料。有許多段文字的記錄，在現場和今日還可見到的建築物對讀印證，還有十分真切的感覺。

周達觀正式的身分是元成宗帖木兒派往真臘王國的特使團團長。但也有傳說，當時蒙古帝國有野心進攻真臘，周達觀極有可能負有偵查軍事機密的任務。他的書裡對吳哥城的城牆長度高度、城門寬度、護城河河寬與橋樑，都有精確的記錄，的確使人懷疑《真臘風土記》隱藏著機密的軍事情報在內。

〈城郭〉一章經過現代考古的比對，幾乎完全正確：「州城周圍可二十里，有五門，門各兩重，惟東向開二門，餘向皆一門。城之外巨濠，濠之上通衢大道，橋之兩傍各有石神五十四枚，如石將軍之狀，甚巨而獰，五門皆相似。橋之欄皆石為之，鑿為蛇形，蛇皆七頭，五十四神皆以手拔蛇，有不容其走逸之勢。」這一段描述，今天去吳哥旅遊的人，在城門前可以做最現場的印證，也說明周達觀觀察與描述的精細。

〈宮室〉一章描述當時吳哥王朝的行政中心，也有許多細節。

「國宮及官舍府第，皆面東。」吳哥王朝是崇拜太陽的，主要建築物的入口都朝向東方。事實上，吳哥建築、寺廟的平面多以印度曼陀羅為藍圖，四方形，一層一層加高，突顯中央的須彌山。在四方形的四邊多有門，門以多重結構裝飾，特別強調門楣的華麗，稱為「塔門」（Gopura），但的確一般都以東門做為最重要的入口。因此，東門前多有很長的「引道」，成為敬拜的儀式性空間。

一般遊客現在造訪吳哥，遊覽的地方多半是寺廟、陵寢。皇宮的部分多已不完整，只剩台基遺址。

周達觀書中寫到「蒞事處」，是和當時真臘國的行政中心有關的記錄：「其蒞事處有金窗櫺，左右方柱上有鏡數枚，列放於窗之旁；其下為象形。聞內中多有奇處，防禁甚嚴，不可得而見。」周達觀指的「蒞事處」，應是今日的「象台」。

「象台」是皇宮前寬三百五十公尺的一處平台，非常像舉行閱兵大典的觀禮台，面對正東一片大廣場。

「象台」以石砌，高約兩、三公尺。朝外的部分雕刻成大象的形狀，故名「象台」。事實上，大象只雕出三個立體頭部，頭上戴寶冠，象牙向外突出，身體的部分是以平面浮雕技法來表現。象鼻下垂，著地，像一根一根列柱。吳哥王朝的雕刻，觀念非常活潑，在結構功能要求下，兼具寫實和抽象的表現法，混用浮雕和立體雕刻的兩種手法，「象台」是最明顯的一例。

「象台」四周的雕刻事實上不只是象，也有「飛獅」和「神鳥」（Garuda）造形，高舉雙翅，挺胸站立，厚實雄壯，的確是國王「蒞事」、「朝覲」或「閱兵」的氣派。

從平面來看，「象台」是皇宮對外的窗口。「象台」後方就是皇宮，一定也兼具防衛的功能，所以周達觀才會說：「內中多有奇處，防禁甚嚴，不可得而見。」

至於周達觀敘述的「有鏡數枚」，現在當然都不存在了。早年石砌的台基上應該是木構造的宮室，也大多無存，只有參考古遺址中發現的一些鉛瓦、陶瓦，和周達觀的描述相合：「其正室之瓦，以鉛為之；餘皆土瓦。」

具有閱兵氣派的象台，混用浮雕和立體雕刻，象鼻捲起水中蓮花。（攝影：陶世恩）

皇宮中被周達觀描述最詳細的是「金塔」。金塔即是今日一般俗稱的「空中宮殿」。「空中宮殿」原名Phimeanakas，是由Vimana和Akasa兩個梵語合成，直譯也就是「天宮」。

「天宮」是皇宮內現存較完整的建築，是三層加高金字塔造形，四面有石階可以攀登，東西長三十五公尺，南北二十八公尺，只有十二公尺高，但因為角度的關係，感覺非常陡峻。

「天宮」是羅貞陀羅跋摩二世（Rajendravarman II，在位944～968）在位時修建。這座石造高塔非常神秘，當初只有國王可以上去，周達觀也記錄了它的神秘性傳說：

「其內中金塔，國主夜則臥其下。土人皆謂塔之中有九頭蛇精，乃一國之土地主也，係女身，每夜則見；國主則先與之同寢交媾，雖其妻亦不敢入。二鼓乃出，方可與妻妾同睡。若此精一夜不見，則番王死期至矣，若番王一夜不往，則必獲災禍。」

周達觀這一段神奇的描寫，使我拿著書站在「天宮」前，有了很不同的感受。

真臘的國王是神的化身，他們在人間的統治，虛擬為天神的附身。「天宮」或許是國王夜晚祈禱奉祀上天的所在，整座建築陡峻莊嚴，也特別具有儀式的意味。「蛇精」九頭，應即是印度教宇宙初創的龍形大神「哪迦」（Naga），國王與她的交媾，

具有儀式意味的天宮，陡峻神聖又帶著神秘。

也便是另一種形式的「君權神授」的象徵吧！

事實上，吳哥寺廟中到處還看得到印度信仰對於「性」的原始崇拜，陽具象徵的圓柱「林珈」（Linga），和方形水槽象徵女性陰器的「優尼」（Youni），組合成神殿中重要的膜拜空間。

在吳哥城外科巴斯賓山（Kbal Spean）暹粒河（Siam Reap River）發源的河床谷地，也發現了刻滿陽具與陰具的符號，在淺淺的河床巨石上，以生殖的圖像祝福河水流向人間，繁殖綿延，成為富饒生命的象徵。

Ming，人類或許離開原始的生殖崇拜已經很遠了。許多人會對吳哥文化中的性器崇拜覺得好笑或猥褻，已經很難理解初民在崇拜生殖的儀式中，寄託著對生命萌生的莊嚴祝福，與今日發展成感官刺激的性，是很不相同的吧！

周達觀描述的國主在夜晚獨自登上天宮，與代表神、天、土地或生殖的女蛇交媾，或許只是民間對此儀式神秘性的傳說。經過周達觀的記錄，今日矗立在一片廢墟中的天宮，更增加了神秘感，使我對這座建築產生神聖的感覺。

象台的東北端，有一處高七公尺的台基。台基上原有的木構造建築已不存在，但台基四周的雕刻非常精美。這一處平台上，有印度教死亡冥界負責審判的大神「牙厤」

癩王台浮雕，中間為冥界大神牙麻。（攝影：陶世恩）

（Yama）的像，因為石材的變質，身上顯出苔斑，彷彿皮膚病，因此俗稱為「癲王台」（Terrace of the Leper King）。但民間也傳說，此台修建於耶輸跋摩一世時代，而這一位創建吳哥城的國王，的確後來得痲瘋病而死。

「癲王台」的說法無法考證，但「象台」此處似乎的確與昔日吳哥王朝的「審判」、「訴訟」有關。

周達觀《真臘風土記》〈爭訟〉一章留下可貴的記錄：「兩家爭訟，莫辨曲直；國宮之對岸有小石塔十二座，令二人各坐一塔中，其外，兩家自以親屬互相提防。或坐一二日，或三四日，其無理者必獲證候而出：或身上生瘡癬，或咳嗽發熱之類，有理者略無纖事。以此剖判曲直，謂之『天獄』。」

現代人的司法觀念，大概很難了解「天獄」。「天獄」是相信上天有一種公平的審判，所以雙方有訴訟，無法判斷對錯，就把原告、被告各自關進皇宮對面的小塔中。由對方的親屬監視，不准出來，一直關到其中一方生病，或生膿瘡，或發燒咳嗽，便說明此人有罪，已得上天懲罰。

周達觀的記錄雖然神奇，但現在「象台」東西廣場上還留有著十二座小塔，原本都不知道功能，因為周達觀的記錄，留給後人一條思索的線索，頗為真實。

小吳哥城

[第二部]

THE BEAUTY OF ANGKOR

PART 2

吳哥寺被譽為建築的奇蹟，
奇蹟是建造者如此透徹領悟人性。
他並不是在蓋房子，他為這個城市留下了心靈的空間，
是「城中之城」，是肉身裡心靈的留白。

THE BEAUTY OF ANGKOR

CHAPTER 6

肉身裡心靈的留白——「城中之城」吳哥寺

吳哥寺・遙望

第六章　「城中之城」吳哥寺

在真正進入寺廟核心之前，
我們被幻影迷惑了，真象還在遠方。
如果「迷」是過程，
我們似乎離「悟」還遠……

Ming，吳哥城（Angkor Thom）有一座「城中之城」，是吳哥寺（Angkor Wat）。Angkor直譯出來是「城市」，一般說的Angkor Thom，Thom是大的意思，所以整個Angkor Thom應該直譯為「大城」或「大都」。

一般我們說的「吳哥窟」，是從Angkor Wat翻譯而來。Wat，也有人寫做Vat，直譯就是「寺」、「廟宇」，所以Angkor Wat真正的意思是「城中之寺」。

現在一般人無法分辨兩者的分別，又把Angkor Thom稱為「大吳哥」，Angkor Wat稱為「小吳哥」。

大吳哥是城市，它的中心有一座重要的寺廟是巴揚寺，由闍耶跋摩七世所修建。所以真正的「城中之寺」應該說是巴揚寺，而不是俗稱小吳哥的吳哥寺。

小吳哥並不在吳哥城中，它獨立在大城的東南方一千七百公尺的地方。有獨立的護城河，有四邊的城門，有外牆內牆，所有城市應該具備的格局規矩它都有，已經遠遠超過一個「寺廟」的元素。因此，或許應該視為一個獨立的城市，是一個五臟俱全的「城中之城」。

事實上，吳哥寺、吳哥窟都不是最恰當的譯名，俗稱的「小吳哥」倒有點貼近這棟建築真實的狀況，像一個規模較小的吳哥城。

吳哥寺是目前觀光客造訪的最熱門景點，它也是吳哥王朝國勢達到巔峰時期的代表作。

Ming，每天從南方進吳哥城，總是首先在進城大路的東邊看到方方正正的吳哥寺。被蒼翠高大樹木包圍，外面有人工開鑿、寬度達一百九十公尺的護城河。河面雖然在旱季，仍然水波蕩漾，據說平均水深達五公尺。深水處浮著荷葉荷花，兒童男女嬉戲其間，仍然彷彿周達觀在一二九六年從元代大都來造訪時的景象。

周達觀的報告中最有趣的是寫到女子在河中沐浴，男男女女裸裎相向的畫面，對北方寒冷地區來的使節團成員而言，身受儒家保守思想習染，可說是「大開眼界」了。

吳哥寺四周寬達一百九十公尺（雨季時可能更寬）的護城河，看起來不覺得是純粹為了實際的防衛功能而開鑿。它的東側本來就有一條自然的暹粒河，用人工的方法引水成溝渠，環城一周，除了雨季排水蓄水之外，似乎在建築空間上更突顯了印度教寺廟建築的宇宙觀念。宇宙初創，須彌山是從水的渾沌中浮現，「水」在吳哥，與創世的神話信仰有關。

印度教相信，人間的君王是由天神毗濕奴化身，統治王國之後，死後還要回到須彌山，與毗濕奴合而為一。

吳哥寺是廟宇，也是陵墓，是蘇利耶跋摩二世（Suryavarman II，在位1113～1150）為自己修建的陵寢，也兼具供養毗濕奴大神的寺廟。寺廟中原來供奉一尊高三・三五公尺的毗濕奴神像，是用一塊完整的石頭雕成。

吳哥寺中最特殊的地方，在它坐東朝西的格局。一般說來，印度教崇拜東方，東方是日出的方向，吳哥所有的寺廟建築都朝東。吳哥寺選擇朝西，有不同的說法。有人認為它是陵墓，而不是寺廟，因此朝向日落方向。也有人認為它的東邊是暹粒河，很難有舉行儀式的廣場空間。選擇朝向西方的原因至今眾說紛紜，未有定論。

吳哥寺主神殿供奉的毗濕奴像。（攝影：陶世恩）

從西面走向吳哥寺，所有人都被空間的偉大震撼了。建築的實體其實還很遠，但是一條筆直的石板大道，長度達到四百七十五公尺，寬度有九・五公尺，如此空無一物的筆直大道，彷彿透視上的兩條尋找焦點的線，把參拜者的視覺，一直逼引到最遠的端景。端景是巍峨聳立的寺塔，象徵君王與神合而為一的須彌山，是宇宙的初始，也是宇宙的終極，是時間的永恆，也是空間的無限。

Ming，我在這驚人的引道佇立很久，思考建築裡的「空間」的力量。回憶我所經驗的建築，很少有這樣強大的引道空間。只是一條步道，只是石板鋪砌的一條筆直引道，用石椿架高，距離地面大約一公尺多，跨越整個護城河的寬度，使人在每一步的前行中感覺到靠近信仰的漫長過程。

吳哥寺是有外牆圍繞的，外牆東西長一千零二十五公尺，南北寬八百公尺。近於正方而略有變化，而引道的長度幾乎是整體建築的一半。

吳哥寺不斷用「空間」來塑造建築的力量，像宋畫中的「留白」，像書法上說的「計白以當黑」，像老子強調的「有無相生」。「無」的空間，構成「有」不可分割的部分。

引道上四百七十五公尺的一步一腳印，從不同的距離接近寺塔遠遠的中心。到了引

上：寬闊筆直的石板大道，把參拜者的視覺逼引到最遠的端景。 下：吳哥寺塔門入口。是虔敬謙卑的入口，也是心靈昇華的入口。

道終了，出現一扇門塔，橫向寬度二百三十五公尺，有三個入口，都以多面向的寺塔結構來完成，莊嚴華麗，不是防衛性的入口，而是需要自己虔敬謙卑的入口。「門」是入口，是心靈昇華的入口，並不是防衛，也不是拒絕。

Ming，我進了外牆，發現離寺塔中心還很遠，又是一條引道，筆直通向第二層內牆，但第二層「空間」已不像外牆之外那樣空靜。引道兩側有藏經閣，小小的建築，使天遼地闊的空間中有了「人」的定位。加上兩側兩個近於正方的水池，倒映出遠處寺塔的造形。

Ming，許多人停在這裡，許多人在這裡拍照，在真正進入寺廟核心的中央之前，我們被幻影迷惑了。兩個水池像兩面明亮的鏡子，我們停在幻影之前，忘了幻影之後才是真象。

「真象」還在遠方，從正面看是三座高高的寺塔，稍微傾側，可以看到五座。四座小塔護衛著中央一座最高的中心塔，空間的布局，使吳哥寺在真實與虛幻之間。

我們在內牆外圍徘徊了很久，我仍在水池邊迷惑幻影，我們有意無意似乎在拒絕認識「真象」，我們有意無意在延後真象的揭發。

如果「迷」是過程，我們似乎離「悟」還遠。

吳哥寺以「空間」來塑造建築的力量。（攝影：西泊殘影）

吳哥寺被譽為建築的奇蹟，奇蹟是建造者如此透徹領悟人性。他並不是在蓋房子，他為這個城市留下了心靈的空間，是「城中之城」，是肉身裡心靈的留白。

我還沒有走進「內牆」，我還沒有看到全世界最大的迴廊浮雕，長達八百公尺，敘述著印度的兩大史詩《摩訶婆羅達》與《羅摩衍那》，敘述著天堂地獄、戰爭歷史、人世間的愛與恨。

Ming，我停在信仰的前面很久。我看著這個門口，我要何時進去？我要如何進去？我會在信仰的中心和你相遇嗎？我要靜靜繞進迴廊，在每一個闃暗的角落尋找你。

血色金光，朵朵紅蓮的一堂早課——吳哥寺的黎明

THE BEAUTY OF ANGKOR

CHAPTER 7

吳哥寺・女神浮雕

攝影：陶世恩

第七章　吳哥寺的黎明

黎明的曙紅，像要重新回憶帝國昔日的輝煌。
吳哥城像一部佛經，經文都在
日出、日落、月圓、月缺、花開、花謝，
生死起滅間誦讀傳唱，等待個人領悟……

Ming，今天是二〇〇四年一月八日，我在吳哥寺前等候黎明。

接近赤道的吳哥，其實沒有明顯的冬季，即使在溫度最低的一月，中午日正當中，氣溫一樣高達攝氏三十八度。只有在日出之前、日落之後，溫度維持在二十五度左右，尤其在不下雨的乾季，特別覺得舒適。

當地的人告訴我們，這個季節日出的時間大約在六點十五分。我在五點起床，喝了咖啡，五點半左右即開始向吳哥寺走去。

闃暗的夜色裡，滿天都是星辰，天空澄淨無雲，好像要準備迎接一個盛大的黎明。

通向吳哥寺的大道上，許多疏疏落落的人影，吳哥寺著名的日出還是吸引了很多早起的遊客。到了吳哥寺入口，四面匯聚的人群更多了，幸好寺廟前引道廣場的空間非常大，一百九十公尺寬的護城河，四百七十五公尺長的引道，入口五座塔門寬度是三百五十公尺，這樣寬闊的尺度設計，湧進了這麼多人，還是覺得有餘裕的空間。喜歡熱鬧的遊客會擠在一堆，癖好孤獨的人仍然有許多不受干擾的角落，可以保有自己的寧靜。

引道入口兩邊有幾株高大扶疏的菩提樹，樹齡有八百年以上，據說是佛陀在菩提迦耶（Bodhigaya）悟道的那棵菩提樹引來的種子。我去過菩提迦耶，在悟道原地的那棵菩提早已不存。佛陀樹下悟道之後，那棵菩提樹被尊奉為神聖的象徵，早期佛教藝術不敢直接有佛陀造像，大多就用一株菩提樹代表佛陀。因此長久以來，那一株菩提的種子，也被信徒帶到各處供養，種植成大樹。在母樹死去後，從斯里蘭卡又引回原樹的種子，重新種植在佛陀悟道的原址。吳哥寺前的菩提，大約種植於宋元之際，只是不知道是從哪裡引進的種子。

吳哥寺修建在蘇利耶跋摩二世，當時吳哥王朝的信仰還是印度教，菩提種子的引進應該更晚，可能與闍耶跋摩七世的改信佛教有關。

菩提的葉子如心型，有細長的蒂，風微微吹，一樹的葉子都在顫動，好像靈敏穎悟的心，可以感受四方來的風。

黎明的曙光從很遠的天際開始亮起。吳哥寺是吳哥城唯一朝向西方的寺廟，背向日出的東方，五座尖塔在微亮的天際形成明顯的黑色剪影。莊嚴的建築輪廓，襯托著慢慢亮起來的背景，每一個角落都有人，每一個人都面向東方。黎明日出，天地間寂靜無聲，好像等待君王天神降臨。

我忽然想起，蘇利耶跋摩的名字，「跋摩」是「寶座」，「蘇利耶」則是「太陽」。他建造這座寺廟，紀念自己，為自己立了寶座，也為太陽立了寶座。

Ming，我等待日出的地方，在面對吳哥寺正前方左側的水池前。水池大約有一百公尺見方，兩方水池，方方正正，坐落在引道的兩邊，像兩面明亮的鏡子。高聳的吳哥寺的塔尖，倒映在水池中，產生華麗虛幻的美，使人想到佛經說的「鏡中花」、「水中月」。吳哥城許多寺廟都有水池的設計，但是很少水池能產生與實體建築如此相映照的微妙關係。「實」與「虛」，「有」與「無」，吳哥寺體現了最深的東方哲學，使人想到兩千年前老子說的「有無相生」，使人想到更早佛經開示的「色即是空，空即是色」，都在哲學的層次上賦予「空」、「無」真實的存在意義。

吳哥寺的塔尖倒映在水池中，有一種華麗虛幻的美。

因此，我等待的吳哥寺的黎明，也只是時間意義上的一個虛幻假象嗎？

我坐在池邊，看池水波光粼粼，波光間浮著一片一片綠色蓮葉，蓮葉冒出一叢一叢紅蓮。我從朵朵紅蓮中看到日出前的天光，紅蓮含苞，像一隻隻的手，招喚出了黎明。

吳哥寺沉靜在水裡，背後的天光透露出淺淺的紅。紅，像淡淡血漬，從灰黑夜色的薄紗裡滲透出來。紅逐漸加深，愈來愈濃重，逼出吳哥寺更鮮明的輪廓。吳哥寺是吳哥王朝鼎盛時期的建築，黎明的曙紅像是要重新回憶昔日的輝煌。紅，像深深嵌入血肉的記憶，血漬的紅裡閃出了金色的光，金色在水波裡跳躍，像貴重的織錦。紅蓮慢慢綻放，水池四邊的鳥雀鳴叫啁啾。黎明開始了，黎明浩大的光宣告生命甦醒，一輪金紅色的太陽從建築背後升起。

吳哥寺的黎明，像一堂早課。我閉目凝神，看到血色金光，看到朵朵紅蓮，看到一個帝國已經逝去的燦爛輝煌。

日出之後，有人鼓掌，好像看完精采表演；有人默默離去，若有所失。美的顯現，使人歡欣鼓舞；美的顯現，也使人忽然如見本心，沉默感傷，悲欣交集，無以名狀。

我總覺得吳哥城像一部佛經，經文都在日出、日落、月圓、月缺、花開、花謝，生死起滅間誦讀傳唱，等待個人領悟。

眾人散去，也有人利用黎明的光，走進寺廟迴廊，靜觀壁上浮雕故事。

吳哥寺建築的實體，大約只是整體空間布局的十分之一，寺廟本身並不大，外圍有迴廊環繞。迴廊有兩層，有點像台灣建築裡的騎樓。在氣候炎熱又多雨的地區，不論是炎陽高照，或是雨天，騎樓式的迴廊，都是最實用的建築空間，人在迴廊下行走，避開烈日，也避雨水淋濕。台灣的騎樓多與室內建築結合，吳哥寺的迴廊單獨存在。用迴廊構築成圍牆，環繞寺廟外圍一圈，除了通行的實際功能，迴廊內側精美的浮雕，就成為一面行走一面瀏覽的重要視覺享受。

吳哥寺外圍迴廊壁上的浮雕，有強烈的史詩性質，每一段浮雕的長度在一百公尺左右，一面行走一面瀏覽，好像閱讀一本書，故事娓娓道來，用畫面敘述情節，可以說是人類史上最早的文學繪本。

從西面正門進入，順時鐘方向往北走，北側的浮雕是印度古老史詩《羅摩衍那》的故事；逆時鐘方向往南，南側的浮雕敘述的是《摩訶婆羅達》，印度最古老的經典延展排列在正殿迴廊的兩側。兩大史詩，是文學經典，也是印度教教義所本，建造者把這兩部史詩一一雕刻在最重要的牆壁上，當然有教化臣民的意義。西方人把迴廊翻譯為Gallery，也正好傳達出迴廊浮雕的展示功能。唐代宮殿有特別為功臣立像的「麟台」，或許接近吳哥寺迴廊的意義。但是中國古代多刻「石經」，「熹平石經」、「開成石經」都用文字教化，和吳哥寺的圖像敘事不同。

《羅摩衍那》敘述羅摩的妻子喜妲被惡魔拉伐那強行擄去，因此羅摩廣邀天上諸神助戰，拉伐那也引來諸魔對抗，從人間打到天上，印度教所有的神與羅摩都在這場戰爭中出現，也可以說是印度教最基本的教本。

《羅摩衍那》已有中文譯本，但人物眾多，情節複雜，許多人讀了很多次，仍然不容易弄清楚脈絡。倒是藉著吳哥寺的浮雕，有具體的圖像，可以一目瞭然。拉伐那不只三頭六臂，祂發動魔法，對抗諸神，在石壁上看到祂的形象，媲美歐洲現代超現實主義的風格。吳哥寺藝術使西方人驚歎，也就可想而知了。

神話文學的美術繪本——吳哥寺的浮雕

THE BEAUTY OF ANGKOR

CHAPTER 8

吳哥寺・迴廊

第八章　吳哥寺的浮雕

吳哥寺的廊不只是為了通過，
似乎更是邀請我們停留。
巨石浮雕刻出了印度兩大史詩的圖像故事，
優美又充滿活潑生命力，是人類的奇蹟。

吳哥寺環繞在殿宇四周的廊，一步一步，減緩了我行進的節奏。

廊的外面，升高的太陽，使光線愈來愈亮。柱子有一面受光，淺刻在石柱上的飛天女神（Apsara）好像一一甦醒了，手中拈著花朵，或手提裙裾，姍姍走來。

柱子上的浮雕刻得很淺，像織繡或印花，像一種迷離的光影。

吳哥寺的設計者太懂得陽光了。

長年的日照，使迴廊下的陰影和迴廊外的日光，形成明顯的對比。好像印度教中的神與魔，善與惡，是與非，沒有絕對的好與不好，像是色彩中的黑與白，只是一種配置與對比。

廊簷並不高，兩公尺左右，被一列一列方方的石柱支撐著，如果遊客不多，可以一眼望盡廊的端景，非常齊整，使人的行進有了秩序。

廊有兩重，外面一道較低矮，內部的廊靠牆壁，雖然高，光線卻不容易照到。我從西面進入，西面牆上的浮雕要到近黃昏時分，日光斜射，浮雕的細節才在直接照射的陽光下照亮，但黃昏的日光短暫，也只是一剎那，光就消逝了。好像所有的繁華也只在瞬息間，即刻幻滅，沉入黑暗。

Ming，吳哥寺的廊不只是為了通過，似乎更是邀請我們停留。

面西的兩道長廊浮雕，各有一百公尺左右長度，朝南的一端雕刻著整部《摩訶婆羅達》的史詩故事，朝北的一端則是古印度另一部偉大史詩《羅摩衍那》。

我逆時鐘方向行走，先閱覽了《摩訶婆羅達》。

《摩訶婆羅達》是一部大史詩，人物眾多，彷彿古印度教的創世紀故事。故事的主線圍繞著兩大家族的漫長戰爭，畫面從左向右發展，像中國式的長卷，像敘事史詩，像電影。讀過《摩訶婆羅達》的故事，看到「俱盧」族（Kauravas）一一武裝出現，和從右向左進行的「般度」族（Pandavas）相遇，發生慘烈的戰爭。有軍士被箭射死，父母同僚圍繞屍體，哀傷悲悼。有的兵士棄械投降，有的力戰而亡。大象和軍隊構成複雜交錯的畫面，三度空間的層次借重疊的影像表現，前後秩序分明。由左向右，由右向左，兩條行進畫面在中央交會。看似繁雜，卻處理得有條不紊。

這些浮雕都刻得很深，人體肌肉有真實的立體感，人物在戰爭中誇張的動作，很顯然來自東南亞民間傳統的戲劇、舞蹈，並非真實生活的動作。《摩訶婆羅達》和《羅摩衍那》在整個印度教影響的東南亞，從神話文學演變成宗教儀式樂舞，變成戲劇舞蹈的敘事表演，對民間產生廣大影響。現實生活中一般人的眼神、手勢，也從此有了美學依據，雕刻家自然依照這些經驗完成了牆壁上的浮雕。

吳哥寺西面的《摩訶婆羅達》和《羅摩衍那》是最偉大的浮雕，是神話文學的美術繪本。米開朗基羅五百年前把基督教《聖經・創世紀》一章圖繪在西斯汀教堂（Cappella Sistina）屋頂天篷上，吳哥寺則在八百年前以巨石浮雕刻出了印度兩大史詩的圖像故事。

Ming，這些優美又充滿活潑生命力的浮雕，真是人類的奇蹟。我一段一段細讀，在文字上閱讀起來頗艱難的史詩，竟然變成了視覺上淺白易懂的生動畫面。

逆時鐘方向，從西面浮雕轉向南面，又出現長達一百公尺多的浮雕。這一面長浮雕

吳哥寺的迴廊浮雕交錯著神話故事與人間歷史。左上：地獄審判大神牙麻。右上：惡魔拉伐那。
下：戰爭場景（攝影：陶世恩）。

在兩公尺高的牆壁上分割成兩層，上層描述建造吳哥寺的蘇利耶跋摩二世和他朝廷中重要的大臣將軍，下層則浮雕著他的妃嬪及兒女。

中國古代宮廷有「麟台」、「凌煙閣」，圖繪對朝廷有功的大臣將軍。吳哥寺南面西端這一段長浮雕有類似的功能，也保留了十三世紀高棉鼎盛時代的統治者貴族圖像。

蘇利耶跋摩二世手持拂塵，頭戴寶冠，優雅地坐在寶座上。旁邊環繞侍從婢女，手持羽扇華蓋，華蓋多達十五幢，是君王的儀仗。在這一段浮雕中，依次有不同身分的臣子，華蓋數量不一，有十三張的，有五張、六張的，可見華蓋代表不同階級地位的高低。

這一段浮雕表現貴族威儀，畫面特別華麗安詳，背景有姿態優美的樹木，樹木上停棲鳥雀，彷彿太平盛世。最美的是下層的妃嬪，和吳哥寺飛天女神髮式裝束相同，坐在精緻的步輦上，由僕從抬著，裙裾飄揚，優雅華麗。

從這一段具有歷史寫實意義的浮雕上，可以看到當年高棉的真臘王朝盛世時的繁榮。當時，高棉帝國統治區域廣大，北至中國雲南邊界，西至孟加拉灣，東至越南海隅，可以說是東南亞最強大的帝國。

蘇利耶跋摩二世的君王儀仗，華蓋達十五幢，展現貴族威儀。

印度教創世紀神話「攪動乳海」，呈現神與魔、善與惡的拉鋸。

南面東端另一段長浮雕，以「地獄」、「天堂」為主題。「天堂」分三十七層，「地獄」三十二層。「天堂」景象比較一致，「地獄」則描繪各式各樣慘烈恐怖的受苦形象，挖眼、拔舌、火烙、倒懸、遍身釘刺……看了令人怖懼悚然。畫面中央是執掌審判的大神「牙麻」，「牙麻」有十八隻手臂，各持不同法器，威嚴獰厲，善惡分明，使善人升天，惡人入地獄。

吳哥寺的迴廊浮雕交錯著神話故事與人間歷史。對印度教的信徒而言，人與天的故事似乎並沒有差別。人世間永遠在爭鬥對抗，天神的世界也一樣爭戰不休。

逆時鐘方向從南面再轉向東面，東面牆壁上出現印度教最重要的創世紀神話浮雕「攪動乳海」。這個故事一再出現於吳哥王朝的建築上，成為橋欄，也刻在門楣上，是遊覽吳哥最熟悉的圖像。

吳哥寺這一段浮雕卻以非常圖案式的秩序表現神與魔，雙方拉動巨蛇，攪動乳海。乳海就是生命之海，上方跳躍出浪花生成的飛天女神。整幅構圖形成一長條拔河般的陣勢，左邊是八十八位有魔力的阿修羅，右邊是九十二位善神，向兩邊拉扯巨蛇。巨蛇纏住曼陀羅山，山坐落在巨龜背上，毗濕奴神在中央俯視，濕婆神、大梵天，以及猴王哈努曼也都出現。海中翻騰著魚類、蛇、鱷魚等海中生物，所有生命都開始了。

猴王哈努曼，儼然是中國孫悟空的造形來源。

在數十公尺長的浮雕中，創世紀神話掀開了乳海浪花。

南面尾端的浮雕，以及北面的浮雕，許多部分尚未完成，也可以了解吳哥寺建築工程的浩大，在數百年間，不斷修建。浮雕總共長八百公尺，是全世界規模最宏大的藝術品，也是在數世紀間陸續雕刻而成。

逆時鐘繞迴廊一圈，最後回到西面北端的浮雕，這段以《羅摩衍那》史詩為主題的浮雕，因為羅摩的妻子喜妲被十個頭的惡魔拉伐那擄去，諸神趕來大戰於藍卡（Lanka）。最有趣的是猴王率領的群猴，在混戰中表現出有趣而生動的猴子的表情動作，也就是我們熟知的《西遊記》孫悟空的造形來源，這段浮雕的圖像已深深影響到了中國的美術戲劇歷史。

城東

［第三部］

THE BEAUTY OF ANGKOR

PART 3

女神無所不在，在迴廊深處的列柱上，在壁角轉彎的黝暗裡，
被青苔覆蓋了臉，數百年歲月風化，斑剝了，漫漶了。
石塊和樹根，女神和藤蔓，藝術和歲月，雕刻和時間，
變成不可分離的共生者。

毗濕奴、吉祥天女與磚雕藝術——喀拉凡寺

THE BEAUTY OF ANGKOR

CHAPTER 9

喀拉凡寺・五磚塔

第九章　喀拉凡寺

我走進中央磚塔，並沒有預期會看到這樣美麗的浮雕，刻在密合的紅磚上，人體肌肉飽滿豐腴，動作流暢生動，形成剛健純樸的特別韻致……

Ming，我在喀拉凡寺（Prasat Kravan）看見了非常美的磚雕。

吳哥文化的浮雕精細繁複，華麗而又崇高，有戲劇性活潑生動的人物肢體動態，又能呈現細膩的心理靜態之美，藝術成就媲美世界任何文明的雕刻藝術。

雕刻藝術所使用的材料極多，石材、木頭、土磚、動物的骨頭、角、牙、植物的果核，都可以用來做雕刻。用泥土塑造的原模，翻製成金屬的雕塑，與雕刻的過程方法不同，所涉及的材料也非常廣。

吳哥文化的雕刻分成兩個不同的時期，大約以西元一〇〇〇年為分界，之前的浮雕以磚雕做底，上敷灰泥；西元一〇〇〇年之後才改為石雕。

因此，了解吳哥窟的石雕美學，應該先了解起源的磚雕藝術。

磚雕藝術在羅洛斯遺址的普力科寺、洛雷寺都還有遺留。但是羅洛斯遺址的建築是九世紀的古蹟，年代久遠，磚雕材質不如岩石堅硬，保存也不易，上面敷蓋的灰泥是用黏土加糯米糊成，更是容易剝落。

因此，西元九二一年修建的喀拉凡寺，在磚造建築結構及磚雕藝術兩方面，都值得做為吳哥早期典型風格來欣賞。

吳哥王朝在九世紀末從羅洛斯遺址遷都，在暹粒河邊的巴肯山上建立新的宗廟。九二一年距離遷都時間不遠，在哈沙跋摩一世（Harshavarman I，在位908～922 註）統治下，由當時高階貴族共同修建了喀拉凡寺，用來供奉毗濕奴大神。

現在看到的喀拉凡寺已經不完整，五座一字排開的磚塔，其中三座的上部已經坍塌，只剩底座。紅磚的結構，因為外部灰泥全部剝落，呈現出非常美的紅磚色澤，以及嚴謹的磚砌結構。

這幾座塔基，使我想起西安的大雁塔。西安的大雁塔原來也是五層，建於唐高宗永徽年間，比喀拉凡寺要早兩百多年。可以看到印度建築往北傳和往南傳的兩條脈絡，

註 哈沙跋摩一世在位期間另有西元910～923年等說法。

只是傳入中土的是佛寺，傳入吳哥的喀拉凡寺卻是印度教廟宇。

因為喀拉凡寺西面鄰近新開道路，目前遊客多由西面進入，其實是以前寺廟的後方。喀拉凡寺和大多吳哥寺廟一樣朝向東方，如果繞到五座磚塔的東方，還可以看到地面上引道的遺址，以及殘餘的部分塔門。因此，喀拉凡寺的建築格局是非常像羅洛斯遺址的早期風格的，尤其接近普力科寺的形式。

五座磚塔中央的一座特別巨大，有主體的意義。寺塔門柱及門楣的部分用石材，遍布雕花。原來紅磚外敷灰泥的部分是否有雕花，目前已看不出來，但也特別顯出紅磚結構的素樸莊嚴。

這幾座磚塔在一九六〇年代整修過，也在舊的基礎上補進了一些新的磚。新磚為了與舊磚分別，上面印製了「CA」兩個字母。整修的過程，推翻了以往認為吳哥磚造建築使用植物性黏劑的看法。事實上，吳哥磚造建築，在磚與磚之間，填進了磚粉與泥土做的黏劑，因此磚與磚的隙縫非常密合又不容易發現，更能突顯出磚砌結構的精緻細膩。

Ming，喀拉凡寺廢棄的庭院中有一棵大樹，枝幹交錯扶疏，綠葉濃蔭，像一樹傘蓋。此地遊客也比較少，坐在樹蔭下，古寺幽靜，只聽到鳥聲，想像昔日寺廟梵唱誦

喀拉凡寺中央主塔。與西安大雁塔分別為印度建築南傳北傳的兩條脈絡。

經，好像今日鳥鳴也都是因果。樹下靜坐，特別可以細細欣賞磚塔的端正。然而，喀拉凡寺最使我著迷的是磚塔內的浮雕。

我第一次走進中央磚塔，並沒有預期會看到這樣美麗的浮雕，刻在密合的紅磚上，形成特別的韻致。

供奉大神毗濕奴的主殿，空間並不大。中央一座祭台，祭台後方有毗濕奴神的浮雕立像，八隻手臂，各持法器。外圍一圈雕花神龕，神龕兩側四周圍繞六排侍者，皆雙手合十敬立，表示出虔誠的樣子，護衛大神。

兩側牆壁也都有浮雕，距離大概只有四公尺。浮雕都以毗濕奴神為主題，外圍精細雕花的神龕，神龕上垂掛珠串瓔珞流蘇，流蘇彷彿在風中飛動，具有動態。

面對祭台，左側牆上浮雕兩公尺高的毗濕奴像。印度教的大神常常有許多化身，此處的毗濕奴神即化身為矮身的瓦馬那（Vamana），正在渡過海洋。海洋用幾根刻在磚上的曲線波浪代表，線條優美，極具動感。毗濕奴神頭戴寶冠，下身圍短裙，裙帶垂下飄揚，也配合渡海的動態。毗濕奴神四隻手臂，各持法器，左手是金剛杵、海螺，右手是代表生生不息的蓮花，以及圓盤狀的日輪，象徵太陽。

磚砌建築完成之後，用線條在牆面上勾勒輪廓。喀拉凡寺的浮雕，採取「陽刻」的

毗濕奴神頭戴寶冠，手持法器，蹲坐在神鳥迦魯達肩上。

雕法，也就是剔除去輪廓線以外背景的部分，突顯人體的主體地位。

寺殿內部光線較暗，斜射進來的陽光，特別產生了明暗對比的效果，使牆上浮雕的人體肌肉飽滿豐腴，動作流暢生動。

毗濕奴神渡海，兩腳不平衡的運動，腰部用力的曲線，都有精采的動態感。腳下波濤洶湧，大神篤定自在，產生極美的畫面。

毗濕奴渡海浮雕的對面，牆上浮雕保存更為完整，連磚雕上敷蓋的灰泥都還在。浮雕主題還是毗濕奴神，他頭戴寶冠，手持四種法器，蹲坐在神鳥迦魯達的肩膀上。神鳥做人形，只有小腿部分略微細瘦做鳥爪形。神鳥下身圍有羽狀垂布，兩手後面肩背處生有羽狀翅膀，腰部以下至小腿處也都飾有羽毛。神鳥雙手上舉，彷彿在護衛上面的毗濕奴神。

印度教許多神話演變為民間的儀式舞蹈戲劇，由人扮演的神鳥可能手持羽毛製作的翅膀表演，因此也影響到造形美術以同樣的方式表現神鳥。吳哥王朝的浮雕，人物造形多具備戲劇性，喀拉凡寺的磚刻可見一斑。

喀拉凡寺除了中央主神殿之外，最北端的一座神殿也保存了精美的浮雕作品。浮雕主題是毗濕奴神的配偶吉祥天女（Lakshmi）。吉祥天女是印度教帶來「美麗」與

體態雍容的吉祥天女，是印度教帶來美麗與幸運的女神。

「幸運」的女神，常在毗濕奴神身旁，傳入中土，被定名為吉祥天女，也常常出現在佛教美術造形中。

北端的神殿屋頂已經坍塌，光線從上面灑下來，浮雕的凹凸明顯，特別可以看出手工刀法的乾淨俐落。站立的吉祥天女大約兩公尺高，上身完全赤裸，體態雍容飽滿，腰部以下圍有長裙，裙子上端向外翻捲，如同花瓣；裙裾衣褶用工整刀法構成等分下垂的細線，莊嚴而華美。吉祥天女雙腳外張，身體平直站立，手持蓮花，略有動作，卻華貴雍容，媲美西方的維納斯女神。兩旁有單膝蹲跪的侍女，雙手合十敬拜，構成完美的一鋪三尊的配置。

這一處浮雕特別可以細看人體輪廓四周的刀法。平整的牆，接近身體邊緣的刀痕深入，剔除背景，突顯肉體的飽滿，可以看見吳哥早期雕刻藝術的剛健純樸。

Ming，這幾座坍塌後整修的神殿，不知道為什麼使我停留了很久。如此單純的建築造形，如此飽滿的浮雕人體，大概都可以預見吳哥王朝的文化如旭日東昇，將要創造出燦爛的藝術形式了。

為自己死亡做準備的國王？——變身塔

變身塔・外牆象雕

第十章　變身塔

印度信仰裡有著對肉身眷戀的本質，
相信肉體會在一次又一次的死亡裡不斷轉換形式。
我們害怕無常，逃避無常，
然而永恆正是在無常之中……

Ming，我無端端走到這裡來了。他們叫這裡「Pre Rup」，通俗的翻譯就是「變身塔」。許多觀光客聽到「變身塔」，不太能猜測到真正的意思。

在吳哥旅遊，充滿譯名上的誤解。這種誤解，當然不是一天造成。一八六〇年代，西方人最初到吳哥，對這個文明一無所知，常常依靠臆測，隨便給一座建築物取名字。最明顯的例子就是「女皇宮」（Banteai Srei）。

一九一四年左右，法國人在叢林中發現了這處精美小巧的建築群，因為格局的小巧，建築裝飾得華麗漂亮，特別是門龕裡女性雕像的美麗嫵媚，法國人便理所當然地認為是古代吳哥王的妃嬪居住的宮殿。以訛傳訛，這幢建築就被定名為「女皇宮」。考古學者找到石碑，依據銘記，確定這群建築不但不是「皇宮」，也與女性無關，而是一所供高僧隱修的寺院。

但是觀光文化似乎不關心真相，「女皇宮」這個名字好像更能引人遐思，也更容易渲染傳奇，因此一直到現在，大部分中文的旅遊書籍都還沿用「女皇宮」的名字。

吳哥文化的研究時間不長，也還充滿許多不解的謎。其實最早引起歐洲人尋找吳哥文明的動機，正是元代中國探險家周達觀留下的一部重要著作《真臘風土記》。法國學者雷穆沙（Abel Remusat）在一八一九年已經將周達觀的書譯介出來。自然學家亨利・穆奧（Henri Mouhot）帶著這本書到了東南亞洲，依據這本書的描述，終於在一八六〇年找到吳哥城。

周達觀一定沒有想到，他的一本書可以在後代產生這麼大的影響。

周達觀的《真臘風土記》是一本冷門書，一位朋友到知名大學去借這本書，告訴我：「我竟然是第一個借這本書的人。」事實上，一二九六年周達觀寫完這本書後，就沒有很多閱讀者。明、清兩代，會去東南亞旅遊的人少之又少，吳哥城又已經滅亡。但是，一本書存在著，一本書被出版，一本書被閱讀，一個曾經存在的文明就不會消失。

雷穆沙在一八一九年出版的譯本，到了一九〇二年，法國著名漢學家伯希和（Paul Pelliot）依據吳哥遺址的發現，把周達觀的《真臘風土記》做了更詳盡的校定注釋，也使法國讀者對吳哥文明的了解有了更好的基礎。

在吳哥旅行，遇到法國遊客，手上拿著書，安安靜靜的，閱讀與旅遊相互搭配，都對增長見識有益，才了解到，原來「觀光」也可以不那麼膚淺，的確是「讀萬卷書，行萬里路」。

一二九六年周達觀寫《真臘風土記》的時候，歐洲還在中世紀；六百年後，物換星移，周達觀被亞洲遺忘的時候，歐洲人找到他的書，閱讀他的書，重新找到一處震驚世界的古文明。

Ming，許多人覺得吳哥的發現是十九世紀的奇蹟，事實上，這奇蹟的背後只是「閱讀」。沒有「閱讀」，是沒有文明奇蹟可言的。文明是一脈香火，在少數人之中流傳，這少數人有時也不分種族國家。對元代的周達觀而言，雖然時空異代，法國的雷穆沙和伯希和應該更是知己。一直到今天，周達觀在法國人心目中，似乎也比在華人心目中重要親切得多。

變身塔中央主塔。

Ming，我希望有一天「女皇宮」的訛名能被改正，觀光文化也才有真實歷史的基礎，擺脫它的膚淺粗糙性質。

我把「女皇宮」改用譯音的「斑蒂絲蕾」，並不是最好的方法，只是希望去除吳哥文化在觀光下的一些訛傳。

斑蒂絲蕾修建在九六七年，當時的吳哥國王是羅貞陀羅跋摩二世，他為了感謝國師雅吉那瓦拉哈（Yajnavaraha），賜贈給他暹粒河北邊的一片土地。雅吉那瓦拉哈是高僧，就把賜贈的土地用來修建寺廟，供僧侶修行者居住靜修。

羅貞陀羅跋摩二世在吳哥留下許多建築，他在九四四年登基，九五〇年前後他修建了周達觀記錄中「東池」水庫上的一個島廟「東美蓬」（East Meban），以及專門供皇室沐浴祈禱淨身的「皇家浴池」（Srah Srang）；九六〇年由建築師卡凡德拉立瑪塔那（Kavindrarimathana）設計了一所佛寺「巴憧」（Batchum），這一處建築已成廢墟，但碑銘上留下建築設計者的名字，也是吳哥城唯一有名字留下的建築師。

九六一年，已是羅貞陀羅跋摩二世晚年，他修建變身塔。九六七年修建斑蒂絲蕾，但他已無緣見到建築的完成，九六八年他就去世了，斑蒂絲蕾要到西元一〇〇〇年才完成。

變身塔是這位國王為自己死亡做的準備嗎？死亡果真只是「肉身」一次轉換嗎？

Ming，變身塔的原意是來自印度信仰的「輪迴」吧？

我們其實很少有機會冷靜面對自己的肉身存在。印度信仰裡有著對肉身眷戀的本質，相信這個肉體，會在一次又一次的死亡裡不斷轉換形式。死亡是無常，我們害怕無常，逃避無常，然而永恆正是在無常之中。

我在吳哥閱讀《摩訶婆羅達》、《羅摩衍那》印度兩大史詩，看到印度文明反反覆覆講的只是無常，無常交織出不可思議的因果，不可思，不可議，所以沒有最後的結局，只是應當繼續看下去，並不對生命現象下判斷。對生命下判斷，通常只是人自己的無知自大吧！

國王預知死亡，死亡只是要變化一次身體，在火焰裡燃燒的物質一一化成黑煙，如何眷戀也留不住什麼。印度信仰相信，飛去的黑煙已經在尋找新的身體。

變身塔如今在觀光文化中一直還流傳著「國王被園丁謀殺」的傳奇故事，但是在考古學者的探尋中，至今沒有發現這一處建築和國王死亡任何有關的證據。

我們只是在玄想中創造了另一個故事，而大家好像更願意相信傳奇。

目前能夠證明的，只是變身塔是羅貞陀羅跋摩二世建築的國廟。吳哥國王信仰「神王一體」，因此崇拜天神的廟宇，也就是祀奉自己的宗廟陵寢，從這個意義來看，變身塔也就有國王肉身與天神結合的內涵。

一般學者認為修建變身塔時，建築師卡凡德拉立瑪塔那已經去世，但極有可能他留下了規劃好的藍圖，也使變身塔保有他的建築風格。

東美蓬島廟依碑銘題記是建於九五三年，和變身塔同屬一種風格。

土磚與岩石的混用還十分明顯，紅磚表層敷蓋灰泥，也沿用十世紀以前的做法。只是灰泥的雕刻已經精細優美，可以處理渾厚寫實的神像人體，也可以用來安排繁複華麗的神龕周邊裝飾，遠遠看去，幾乎和斑蒂絲蕾的風格已經不相上下。石雕的部分多集中在門楣框邊，技法顯然更精細準確，因陀羅大神騎在三頭三鼻的一隻神象上，兩條巨蛇攪動乳海，浪花翻騰旋轉，朵朵如花瓣，可以預見不久之後，斑蒂絲蕾華美石雕風格的出現，兩者之間已經非常相似。

變身塔是神山造形，最下一層是五十公尺正方的壇基。一層一層台階向上，陡峻高聳，在最上層的平台上，五座寺塔，四座較小，位於四方，中央一座最高大的塔，象徵須彌山。

Ming，我在變身塔徘徊，覺得一種矛盾，希望擺脫觀光資料中以訛傳訛的錯誤，

神山造形的變身塔，有著國王肉身與天神結合的內涵。

卻又似乎感覺到國王的魂魄停在某處。我看到漫天飛舞的蝴蝶，不知道一個曾經經歷權力巔峰的國王，他的身體是否可以如此輕盈飛翔？我又看到路邊野花盛放，不知道操握生殺大權的國王，是否知道他自己的生死在誰操控之中？而背負著深重的殺戮罪孽，那沉重的肉體，可以轉化變成一朵無憂無慮的美麗花朵，在無常的風中搖曳流轉嗎？

形式還原的建築美學——未完成的塔高寺

塔高寺・塔尖

第十一章　未完成的塔高寺

因為意外的原因中止了雕飾，
塔高寺使美歸零到只是材料和結構本身。
塔高寺是空白的畫布，是一張沒有完成
五官的面孔，是天地初始時的寂靜……

塔高寺在大吳哥城的東門外，是真臘國王闍耶跋摩五世（Jayavarman V，在位968～1001 註）在大約西元一〇〇〇年前後修建的。這個寺廟並沒有完成，保留了石塊砌建的粗坯形式，還沒有雕刻。沒有繼續修建的原因，說法不一，有人認為是建造中遭雷火擊打，朝廷認為是不祥之兆，便放棄了修建。另一種說法是歸咎於選擇的石塊太過堅硬，不適於雕刻，因此只保留了石塊砌建的建築雛形，雕刻的部分沒有進行。

無論任何原因，塔高寺在吳哥文化的建築史上成為異常珍貴的資料。

一般說來，吳哥王朝的建築，因為雕刻裝飾極盡華麗繁複，有時會搶奪了建築本身

註　闍耶跋摩五世在位期間另有西元968～1000年等說法。

的結構力量。

建築和雕刻相互依存，也相互對抗。

歐洲巴洛克（Baroque）時期的建築，附加的雕飾往往繁複縟麗到失去了建築量體本身的結構之美。

到了新古典主義（Neoclassicism）時代，刻意把建築結構從附加的裝飾中重新解放出來。研究希臘羅馬古建築的學者，提供了廢墟遺址中的古建築經歲月剝蝕以後單純的結構之美。

巴特儂神殿（Parthenon）矗立在雅典衛城之上，三角屋楣，正面八根多立克石柱（Doric Order），簡樸的線條，所有原來附加在建築上的色彩與雕刻裝飾，在兩千年間陸續剝落，最後只剩下了建築結構本身的力量。建築是在廢墟中才顯現了它獨立的美學。

塔高寺卻是因為意外的原因中止了雕飾，使整個建築保存了結構單純的力量。許多裁切方正的石塊像積木一樣堆砌而上，因為還沒有雕刻，那些石塊相互依靠承接，顯現出建築結構本身的美感。

塔高寺使我想到二十世紀標幟性的建築艾菲爾鐵塔（Eiffel Tower）。鐵塔原來只是世界博覽會的通訊塔台，並沒有考慮到「裝飾」，卻正好展現了鋼鐵本身結構單純的力度之美。

建築到了現代，有更多自信，可以不依靠繪畫、雕刻，不依靠附加的色彩或裝飾，單純以自身的結構樹立起獨立自主的美學。

塔高寺意外地產生了一種視覺上的留白。在吳哥文化像織錦刺繡一樣繁複的浮雕裝飾的建築經驗中，塔高寺獨獨呈現了粗獷樸素的原始。

「未完成」常常成為世俗人們的遺憾，「未完成」卻又常常是藝術創作上發人深省的啟示，知道如何適可而止，知道無論如何努力巧奪天工，畢竟最後還有不可思議的天意。

塔高寺提供了吳哥文化建築本身最好的範例。石塊上上下下的堆疊，清楚看到結構的關係。一層一層的壇城形式，石梯扶階而上，材質和工法單純而嚴密。最高處的幾座象徵須彌山的尖塔也已完成，只是沒有雕飾，石塊方整沉重的力量，結合出量體的莊嚴。

吳哥王朝的雕刻，是在建築量體堆疊完成之後才附鑿上去的。雕刻的細線、鏤空、旋轉彎曲的圖案，都一一減輕了原來石塊結構的力量，使原來石材的莊嚴沉重變成輕

塔高寺以自身的建築結構，獨獨呈現了樸素粗獷的原始。

盈華麗。有了塔高寺，我們可對比出建築自身的力量，也可以印證雕刻參加進建築之後美學形式的轉換。

塔高寺的石塊單純呈現石塊本身的力量。

塔高寺是一種形式的還原。

塔高寺使美歸零到只是材料和結構本身。

塔高寺是空白的畫布，是未經渲染的紙，是尚未構成旋律的音符，是正在暖身的舞者的身體，是等待被揑塑的泥土，是期待被開發的玉石，是一張沒有完成五官的面孔……是天地初始時的寂靜，使我靜坐而不冥想。

我為尋找美而來，卻一無所得。

我只是眾多的過客之一吧！

以前看典藏在台北故宮的一張唐朝閻立本的《職貢圖卷》，畫雖然不是真蹟，畫中扛著象牙，提著鸚鵡，捧著檀香，赤腳鬈髮的朝貢者，絡繹於長安大道上，據說，描繪的即是「扶南國」向唐朝進貢的景象。

「扶南」是古名，《隋書》已有〈真臘傳〉，唐代來進貢的「扶南」應該是建立吳哥王朝的真臘國使者吧？

裁切方正的石塊像積木一樣堆砌而上，單純展現石塊本身的力量。

真臘吳哥王朝在中國宋、元時代國勢達於巔峰，也正是塔高寺修建前後兩百年的事。

斑蒂絲蕾建於九六七年，吳哥寺建於一一一三至一一五〇年，最後闍耶跋摩七世在一一八六年為母親修建塔普倫寺（Ta Prohm），一一九一年為父親修建卜力坎寺（Preah Khan），以及總結在為自己修建的巴揚寺，也做了整個大吳哥城最後的整修，在四處城門上都樹建了自己四面觀想的佛陀面容。

西元一二九六年，中國元朝的成宗皇帝帖木兒亟思征服真臘，派遣了一個使節團到吳哥做情報蒐集的工作。這一場計畫中的戰爭並沒有執行，卻意外地由當時使節團的領袖周達觀留下了一本詳盡的《真臘風土記》。

這一部書，幾乎是唯一一本對強盛時代吳哥王朝忠實記錄的史料。

大約一百年後，在一四三一年，暹邏族入侵吳哥，屠城之後，發生了瘟疫，吳哥王朝從此覆滅，整個吳哥城被遺棄在荒煙蔓草間長達四百多年。

歐洲的傳教士在十七世紀前後陸續有對吳哥文化的報導，周達觀的《真臘風土記》被譯為法文、英文，成為探險者尋索古文明的重要藍圖。

十八世紀歐洲海洋霸權向全世界擴張，四處爭奪殖民地，探險家對異域的好奇和軍

雕刻在石塊上的女神身體，隨著石塊崩解而錯離開來。

事征服同步進行。一八五八年法國自然學家亨利・穆奧深入熱帶叢林，「發現」了吳哥城，一八六一年他的探險報告在歐洲引起轟動，一八六三年法國的海軍即進入吳哥，柬埔寨被強迫成為法國殖民地。

亨利・穆奧所謂的「發現」吳哥，已常被檢討殖民主義的學者所批判。吳哥城一直存在，也一直有當地的人民在其中生活，甚至較早到此地傳教的耶穌會教士也尊重當地文化的獨立性，並未誇張白種人的「發現」。

四百年間，倒是樹木迅速地生長蔓延，原來盛世時代的城市規模，逐漸被熱帶快速成長的雨林植物蠶食滲透。一粒種籽掉進石塊的隙縫，慢慢發了芽，向下尋找水源的根莖到處流竄，向上尋找陽光日照的枝葉壯大扶疏，石塊被撐裂了，齊整的結構鬆動了、坍塌了，甚至被強大有力的枝幹舉起。雕刻在石塊上的女神身體也隨著石塊的崩解而錯離開來，她們原來優雅和緩的舞蹈姿態變得扭曲或荒謬。苔痕斑點覆蓋在她們的臉上、手臂上、胸脯上，她們好像隱褪在叢林間，她們的肉體和植物的肉體糾纏在一起，無法分開，好像生生世世，彼此互相依存著。

石塊和樹根，女神和藤蔓，藝術和歲月，雕刻和時間，變成不可分離的共生者。

美的喚醒與遺忘——塔普倫寺

THE BEAUTY OF ANGKOR

CHAPTER 12

塔普倫寺・女神浮雕

攝影：陶世恩

第十二章　塔普倫寺

我用手掌緊貼在浮雕女神的肉體上，
感覺到石塊下的呼吸、脈動、體溫，
感覺到長達數百年在荒煙蔓草中
不曾消失的對人世的牽掛與不捨……

我坐在塔普倫寺階前，四周一片荒煙蔓草，建築也多剩下斷垣殘壁。

我在思索「美」的原因，卻一無所得。

塔普倫寺是古真臘吳哥王朝的國王闍耶跋摩七世為他母親修建的寺院。

據說，釋迦牟尼在悟道之後，第一件做的事即是上忉利天為亡母說法。印度許多佛教聖地還保有這個傳說的雕刻。一對佛足印自忉利天上下來，踏在階梯上，好像完成了一件重大心願，顯得特別安寧祥和。

闍耶跋摩七世統治真臘的時間在西元一一八一到一二一九年，他即位時大約已過五十歲，在一一八六年為了紀念母親，即著手建塔普倫寺。

今日被稱為柬埔寨的這個國家，最早在中國史書上的名字是「吉蔑」（Kymer），和今日譯為「高棉」的音一致。

五世紀左右，中國的三國時代，吳國的孫權對經略南方海洋有興趣，曾經派朱應、康泰二人出使「扶南」。扶南也是柬埔寨的舊稱。

史書上記載，扶南王范旃曾遣使者向東吳奉獻琉璃，也曾派遣扶南樂工入朝。或許，扶南音樂已融入中土，曾為中國古樂的一部分。

南朝時代，扶南許多佛教高僧到中國傳法。像僧迦婆羅（Samghavarman），西元五〇六年在南京見梁武帝，到五二四年逝世，一生譯經十一部、四十八卷，對佛法的傳譯貢獻甚大。

六世紀，扶南王國被北方的民族所滅，改名「真臘」，《隋書》中已有〈真臘傳〉。由唐入宋，真臘成為東南亞最強大的王朝。闍耶跋摩七世統治的時代，曾經打敗入侵的占婆人（Cham），真臘王朝的國勢達於鼎盛。

人間現世的繁華榮耀，使闍耶跋摩七世想起逝去的母親嗎？

我在塔普倫寺徘徊流連，思想一個君王的心事。

真臘王朝的宗教信仰以印度教為主，很多寺廟中供奉濕婆，既是創造，又是毀滅。濕婆和妻子烏瑪（Uma）騎坐在名叫「難敵」（Nandi）的牛隻背上，面容看起來充滿了瞋怒威嚇。

生命並不平靜，生命中混攪著哭聲與笑聲，混攪著善良與邪惡，明亮與黑暗，上升與沉淪……

印度教的圖像直接抒寫人性的多樣狀態，善與惡，無關好與壞，只是互相牽制平衡的力量。

走進大吳哥域，每一個城門入口都有五十四尊石像，左右各二十七尊，分列兩側。一邊是慈善的力量，一邊是邪惡的力量；一邊是神，一邊是魔。祂們像拔河一樣，雙手緊緊抓著一條粗壯的蛇身。蛇身靜止不動，蛇頭高高昂起，一共有七個頭，獰厲威猛地張望人間。

這蛇的名字叫Naga。印度教相信：善與惡的力量都抓住了Naga，於是混沌的乳汁之海翻騰攪動，海浪波濤掀天動地，從一朵一朵的浪花中誕生了萬物，誕生了舞動著豐腴肉體的女神「阿普莎拉」（Apsara）。

阿普莎拉扭動著腰肢，臉上帶著淺淺的微笑，坦露著豐碩飽滿的乳房，纖細的手指

苔痕覆蓋，枝幹糾纏，塔普倫寺已剩斷垣殘壁。（攝影：陶世恩）

拈著新綻放的鮮花，搖擺款款而來……

她們無所不在，在迴廊深處的列柱上，在壁角轉彎的黝暗裡，被青苔覆蓋了臉，數百年歲月風化，斑剝了，漫漶了。而那淺淺的微笑仍在，被清晨黎明淡淡的陽光照亮。

她們款款而來，不同的微笑，不同的眼波流轉，不同的手指與手肘的動作，不同的腳步，彷彿手臂上的銀鐲、腳踝上的金鈴都顫動起來，是一串金銀相互撞碰的細脆輕盈的聲音。

她們是在翻騰著善惡的乳汁之海中誕生的肉體，她們充滿了生活的渴望。隔著數百年興亡滄桑，她們仍然如此熱烈，要從靜靜的石牆上走下來，走進這熱鬧騰騰的人世紅塵。

石牆上，淺淺的浮雕蔓延成像織錦一樣的花紋圖案，迷離繁複，女神便一一從那夢一般的織錦上走出。只有在這裡，石雕可以被處理成織錦刺繡一樣的繁瑣細膩，彷彿熱帶的藤蔓蔦蘿無休無止地纏繞勾連。

工匠在織錦圖案的底層上，用比較深雕的方式突顯女神飽滿熱烈的胴體，熱帶的日光從不同角度照射在胴體上，受光面和背光面的凹凸變化使那些豐腴的肉體一一復活

吳哥寺牆浮雕，有著織錦般的花紋圖案，和飽滿舞動的女神胴體。

了，有了人間的溫度。

我用手掌緊貼在那肉體上，感覺到石塊下的呼吸、脈動、體溫，感覺到長達數百年在荒煙蔓草中不曾消失的對人世的牽掛與不捨。

美深藏在何處？一一被喚醒了。

我在那彷彿無止盡的女神的列柱間行走，走來，被迎接，走去，一一回首告別。

她們是這些寺廟和宮殿的秩序，因為她們的無所不在，走在此生和來世，就有了嚮往，也有了未了的心願。

我們也許是活在不斷的嚮往和遺憾之間吧！

乳汁之海翻騰不息，有了一朵一朵如花的女神踴躍舞蹈，也有罪惡、殘殺、貪婪、無休止地痛苦的哀嚎。

戰爭與屠殺，顯然在這個曾經一度繁華的城市連續不斷地發生。

西元一四三一年，暹邏人入侵，據說屠殺了上百萬人，黃金財寶被劫掠一空，腐爛的屍體在濕熱的叢林化成疫癘，人們接二連三逃亡，城市被遺棄在血腥和腐臭之間。數百年間，樹木藤蔓糾葛，城市被叢林掩沒了。

吳哥寺石牆上有長達八百公尺的浮雕，都在描寫戰爭。天上諸神為搶奪長生之藥的

淺笑款擺的阿普莎拉女神，頭冠和髮型擁有多種姿態。（攝影：西泊殘影）

爭戰不斷，人世間一樣廝殺混戰，只看到人仰馬翻，弓矢刀戟遍布，勝利者耀武揚威，敗戰者身首離異，在地上被象馬踐踏。

我聽不到石牆裡呻吟、哀叫的哭聲……

美麗的浮雕使慘絕人寰的景象變成有趣的畫面，屠殺和痛苦看起來也像舞蹈或戲劇。

美，像是記憶，又像是遺忘……

我的旅程是為了美而來的嗎？

我走出寺廟，蜂擁而來的乞討者，缺手缺腳，有的五官被毀，面目模糊。他們是這土地上新近戰爭的受難者，在田地工作，誤觸了地雷，手腳殘廢，五官燒毀，但仍慶幸著自己沒有送命，仍然可以拖著殘毀的身體努力認真地生活下去。

我是為了尋找美而來的嗎？

乳汁之海仍然掀天動地，那些肢體面目殘毀的眾生臉上，淚水和淺淺的微笑同時在這土地上流動。

城北與東北郊

［第四部］

THE BEAUTY OF ANGKOR

PART 4

坐在一尊殘毀的古代吳哥的佛像下，
佛像仍然低垂眼簾，閉目冥想沉思，嘴角微微淺笑，
不知道是深情、還是無情，不知道是悲憫、還是譏諷，
不知道是領悟，或是早已遺忘了人間。

攝影：陶世恩

攝影：陶世恩

最謙卑的信仰與沐浴儀式空間——涅槃／龍蟠

龍蟠・人像吐水口

第十三章　涅槃／龍蟠

當地人至今仍傳說「龍蟠」池水可以治病，
巫醫祈禱後，在水池中搗爛藥草，
經由獅、象、牛、馬口中流出，
病患服食或沐浴，是醫療與祈福的湯池……

吳哥城有一處所，原名是Neak Pean，目前多被俗譯為「涅槃宮」。「涅槃」在佛教教義中有特定的意義，容易產生誤解。

Neak Pean真正的意思應該是「兩條蛇的盤踞」。東方古老的神話常常「龍」「蛇」不分，都叫Naga，因此Neak Pean也許譯為「龍蟠」更為恰當。

「龍蟠」，整個建築布局的中心是一個直徑十四公尺的圓形基台。基台浮於水池上，像一個孤立的島。台基分七層，逐漸向中心點縮小，有點像北京的「天壇」。

「壇」是最基本的祭祀儀式空間。所有人類與宗教祭祀有關的空間，基本上都從

「壇」發展而來。儒、佛、道都有登壇做法的儀式。即使埃及的金字塔，原來也是由三、四層階梯構成的平台，叫Mastaba，和馬雅中南美古文明的祭壇形式相似。

「天壇」保有了「壇」最基本的儀式本質。「壇」上空無一物，明白地告示了「壇」只是人為的標示。祭祀的主體是「天」。「天」不可見，「天」不可摹擬，「天」只能以人類不可知、不可侷限的狀態存在。

Ming，我想起某一個方破曉的清晨，走過北京空無一人的天壇，我登上台階，渴望看到什麼。渴望看到「天」吧！但是「壇」上什麼都沒有，「壇」上只是「天」，「天」只是浩大寂靜無言無語無礙無形不可見也不可思議的宇宙。

我想像數百年來，無數個破曉之前，無數個代表人間的「天之子」，行走過這裡，他是人間的君王，但是在這個「壇」上，他卻只有謙卑。

「壇」是不是人類最謙卑的建築空間？

「龍蟠」的尺度比北京「天壇」小很多。十四公尺直徑的圓形平壇，坐落在兩條蛇交尾的底座上，也就是Neak Pean這個名字的由來。兩條蛇的頭部昂起，朝正東方，身體盤曲成底座，尾巴朝正西方。

圓壇浮於水面，像一個孤島。事實上這個島有引道通向正東方，從昂起的蛇頭向東，一條引道連接水池的外緣。引道上有一匹石雕的馬踏水而來，正好與昂起的蛇頭呼應。

佛經中傳說海上商人遇難，菩薩化身為馬（Balaha），把受難者從水面馱起。這尊飛馬救難石雕，歷經八百年歲月，已殘破不全，但馬身前後兩側都還攀附著獲救的人體，雙腳彎曲騰空，從水面升起。飛馬奔向圓壇，圓壇中心是一座小寺塔，是整個建築布局中心的中心。

災難使人類謙卑，災難使人類期望拯救，拯救使人們走向信仰。

「龍蟠」一處是吳哥城最沒有建築物的地方，但是它的布局卻含蘊著最純粹的信仰空間儀式性的意義。

「龍蟠」遊客不多，這裡沒有賞心悅目的華麗建築和雕刻，這裡只是平面展開的空間布局，和北京「天壇」相似。「龍蟠」的建築設計主體不是「建築」，而是「空間」；不是「有」，而是「無」。

「龍蟠」建於十二世紀末至十三世紀初，首創者也是修建巴揚寺的闍耶跋摩七世。從印度教信仰轉為大乘佛學，這位統治者帶給吳哥文化許多內省的精神，審美上內斂靜定，在原有的肅穆嚴整裡加入了寬恕和包容的氣度，使吳哥美學達於巔峰。

上：龍蟠中央水池上的圓壇石塔，底座如蛇身盤曲。下：飛馬救難石雕。

Ming，「龍蟠」一片平坦，沒有高聳的建築。被樹林環繞，不容易被發現。我從東邊的引道走進，眼前是乾涸的水池。如果我急迫於觀光，如果我急迫於看到眩目的建築或雕刻，這殘敗荒蕪幾乎一無所有的所在，也許會令我大失所望吧！

我在水池間徘徊，每一個水池都是正方形。水池用石砌，池緣高出地面不多，水池內緣卻有石階，可以走進水池。吳哥的水池、護城河都是建築規劃裡非常重要的部分，凡和水有關的周邊，都有可以下到水中的石階。熱帶地區，沐浴是生活裡重要的儀式，至今在柬埔寨各處，仍然可見男男女女水中沐浴淨身，兒童裸體跳躍於盛放的蓮花蓮葉間，仍然像一則神話。

「龍蟠」正是由五個正方水池構成的布局。中央一個最大的水池有七十公尺正方。十四公尺的圓壇如池中之島，就坐落在大水池的中央。大水池象徵印度古老神話裡喜馬拉雅山上的聖湖Anavatapta。聖湖之水源源不絕地流成四條大河，「龍蟠」中央大水池的水也源源不絕地流向圍繞在東西南北四方的四個水池。四個水池都是二十五公尺正方，護衛在中央大水池的四方，彷彿孩子與母親的關係，彷彿一朵綻放的蓮花，彷彿把「水」布局成宇宙的空間。

「水」是生命之源，「水」是誕生，「水」是清洗，「水」是治療與痊癒，「水」

是祝福，也是安慰。

曾經有多少人在這些水池裡沐浴？

十三世紀來到吳哥的元朝特使周達觀也來過這裡，那時水池沒有乾涸，那時雕像都以金銅裝飾，輝煌燦爛。他在《真臘風土記》裡稱「龍蟠」為「北池」：「北池在城北五里，中有金方塔一座，石屋數間，金獅子、金佛、銅象、銅牛、銅馬之屬皆有之。」

周達觀說的「金方塔」還在圓壇孤島上，只是「金」已剝落無存，殘磚斷瓦而已。寺塔門龕上仍殘留菩薩立像，可以想見當年彩飾金箔的華麗盛況。

獅、象、牛、馬四座雕像，事實上是由中央大池流水入四方小池的吐水口。南池是獅子，西池是馬，北池是象，只有東池牛頭不知何時已改為人的頭像，張口作吐水狀。

當地人至今仍傳說「龍蟠」池水可以治病，巫醫祈禱後，在水池中搗爛藥草，經由獅、象、牛、馬口中流出，病患藉此服食或沐浴。甚至有人傳說，不同的四個水池各自有不同的療效，或許如同今日醫院的分科吧！

所以「龍蟠」是寺廟嗎？或是兼具醫療與祈福的沐浴湯池？

肉體的病痛苦楚把人帶到信仰的所在。數百年來，那些呻吟哀嚎的病苦者，那些匍匐攀爬而來的殘疾者，那些痲瘋遍體膿瘡的癘疫病患，他們浸泡沐浴在這些水池裡，祈求肉體痊癒，也祈求心靈無恐懼驚慌。「龍蟠」使醫藥科學和宗教信仰合而為一，簡單純粹成一個沐浴的儀式空間。

Ming，我想像自己在廢墟裡沐浴，我想像自己是在千萬病痛者中祈求痊癒和平靜的一人。我坐在看來乾涸的水池邊緣，看飛馬揚波而起，從水裡拯救起瀕死的溺者。我看到寺塔門龕上猶自站立的菩薩，看著數百年的歲月過去，看著人世間不曾改變的病苦、戰爭、各式各樣的驚懼恐慌，顛倒夢想。這個看來殘敗荒廢的所在，這個飽含著信仰意義的空間，卻使我徘徊不去。

水池或許並未乾涸，苦難使淚水汩汩泉湧，也就是沐浴的開始吧！

沐浴之後，可以「不驚、不怖、不畏」……

玲瓏剔透的石雕藝術極致——斑蒂絲蕾

斑蒂絲蕾浮雕・因陀羅

攝影：陶世恩

第十四章　斑蒂絲蕾

斑蒂絲蕾的石雕圖案，像波斯的織毯，
像中國的絲繡，像中古歐洲大教堂的玻璃花窗，
像閃動的火焰，像舒卷的藤蔓，
像一次無法再記起的迷離錯綜的夢……

吳哥王朝的早期遺址廢墟中不少磚砌的寺廟，用紅磚砌建，建好以後，由雕花工匠在上面做精細的雕刻。羅洛斯的普力科寺建於西元八八〇年，因陀羅跋摩一世為先祖所修，是早期紅磚風格的代表。建築實體用磚砌，但門柱、門框、門楣、神像及階梯……都已改為石雕。

磚雕的傳統經驗，使吳哥的雕刻藝術發展出獨特的風格。在埃及，大多用完整的一塊巨石來雕刻，產生量體渾厚堅實的力量。吳哥的雕刻是用磚塊拼接成的量體，在上面雕刻時，圖像被不同的量體分擔，有點像拼圖，使人覺得這樣的雕刻只是暫時的聚

合，一旦歲月久遠，量體與量體之間開始鬆動脱離，分崩或離析，雕刻便產生在時間中崩毀的奇特力量。

巴孔寺建於西元八八一年，是目前所知吳哥王朝第一座用砂岩石塊代替紅磚的寺廟。事實上，巴孔寺的頂端舍利塔，仍然保留了傳統磚造的形式。大約在十世紀左右，岩石和紅磚還同時並存。

由磚到砂岩，材料的改變，仍然使吳哥王朝的建築保存了以塊狀量體堆疊砌建的方式。把砂岩裁切成塊狀來磊疊出寺塔，再由工匠在上面雕刻。

磚雕或木雕往往都可以做到非常繁複細密的花紋圖案。吳哥王朝到了用砂岩為材料的時代，仍然延續著磚雕的風格，產生了石雕藝術中少有的精細之作。幾乎是以紡織刺繡的工法在做石雕，令人歎為觀止。

石雕藝術的極致精美，表現在十世紀中期的「斑蒂絲蕾」（Banteai Srei）。這座俗譯為「女皇宮」的建築，修建於西元九六七年，距離由磚造改為砂岩的巴孔寺已將近一百年，磚雕無微不至的細密繁複卻已轉化成不可思議的石雕工法了。

斑蒂絲蕾的建築比一般神殿山的寺廟要平緩低矮許多，沒有陡直峻偉、令人暈眩的高度，以十分親近人的尺度布置成溫暖的空間院落。或許是國王賜給退隱高僧的靜修之所，格外有一種謙遜寧靜。

斑蒂絲蕾選擇一種含玫瑰紅色的細質砂岩，在陽光照射下，反映出石質中淺淺的粉紅色澤。

斑蒂絲蕾以極盡奢華的方式裝飾門楣上的雕花。許多門框的高度只有一百零八公分，寬度三十公分，幾乎沒有實際的功能，似乎只是為了裝飾而存在。門，不再只是建築上一種實用的空間；門，彷彿是無比華麗莊嚴的象徵。

門楣的頂端置放著諸神。濕婆神擁抱著妻子坐在五重山上，惡魔拉伐那幻化出無數個頭顱和手臂，大地震動，猴子與獅、象躲避奔跑，神鳥向四面飛翔。這是開啟向諸神世界的天國之門。門楣上攀著圖案華麗的龍蛇，渾沌的乳海被攪動，掀起波浪。波浪如花瓣，向內旋轉。因陀羅神右手持金剛杵，騎在三個頭的大象身上，紅色的砂岩雕成鏤空的浪花，浪花一重一重，向上濺迸、升起。

這種繁複的雕工，使人忘了這是砂岩上的雕刻。這是織錦，是一根一根細緻纖維的穿梭編織，吳哥王朝的工匠卻在堅硬的石頭上完成了。

美，也許是一種難度的挑戰吧！

斑蒂絲蕾的石雕繁複卻毫不瑣碎。每一道門楣上的雕花都像女子頭上的花冠，要如

斑蒂絲蕾選用含玫瑰紅色的砂岩，布置成謙遜寧靜、低矮溫暖的空間院落。（攝影：陶世恩）

此不厭其煩地去重複，要刻意加重強調這是通往諸神世界的門，這是華麗的女神之門。

斑蒂絲蕾的圖案像波斯的織毯，像中國的絲繡，像中古歐洲大教堂的玻璃花窗，像閃動的火焰，像舒卷的藤蔓，像一次無法再記起的迷離錯綜的夢。

斑蒂絲蕾像握在手中一粒鏤空細雕的象牙球，一個玲瓏剔透的石雕藝術的極致。

十九世紀末，強大的法國殖民柬埔寨，他們把亞洲視為野蠻無文明的地區，侵略壓迫，掠奪財物。然而，知識分子看到了吳哥，看到了斑蒂絲蕾女神臉上的微笑，他們震驚了，這樣美的文明，會是「野蠻人」可能製作出的作品嗎？有人愛到瘋狂，竟然偷盜了幾件女神雕像，成為當時轟動國際的大事，而其中一人甚至竟是戴高樂執政時法國的文化部長。

斑蒂絲蕾的女神一直微笑著，無視野蠻，也無視文明。

我坐著，忽然似乎記起什麼……

或許，我曾經是這裡的一名工匠，被分配到一塊不大的門楣上做細雕的工作。

我依照傳統的花樣打了底稿，細細描繪在石塊表面上。我無思無想，好幾個月只是做著磨平的工作，使還不平整的砂岩細如女子的皮膚，在日光下映照出淺淺粉紅的色

濕婆神擁抱妻子坐在五重山，惡魔拉伐那幻化出無數手臂和頭顱。（攝影：陶世恩）

澤。我無思無想，用手指頭輕輕撫觸那肌膚的瑩潤光滑，細如油脂，在我撫觸過的地方，都滲透出肉色的痕跡。那些描繪的墨線像肉體上用細針刺的紋身，我無思無想，不能確定那些細緻的紋身是在石塊上，或已是我自己身上再也擦拭不去的美麗痕跡了。

夏日炙熱的陽光使一切靜止，連樹上的鳥雀、草叢中的小蟲都停止了鳴叫。

女神們剛剛沐浴歸來，裸露著上身。她們飽滿的乳房如同熟透豐碩的果實，她們的腰肢圓潤如修長輕盈的樹幹，在風中緩緩搖擺。她們的頸項上戴著黃金的瓔珞，手臂上箍著金釧。她們緩緩走來，下身圍著細棉布的長裙，腰胯上垂著珠寶鑲飾的沉甸甸的腰帶。她們赤足踩踏過石板的引道，足踝上的腳鐲輕輕碰撞出聲音。她們全身散放著新沐浴後河水清涼的氣息，蓮花的氣息，夏日午后肉體成熟的氣息。她們顧盼自己的身影，手中拈著蓮花的蓓蕾，彷彿在尋找歇息的位置。

她們看到石壁間剛雕好的神龕，看到神龕四周裝飾著如蔓草一般彎曲旋轉的浪花，看到神龕上浪花升起如火焰。她們斟酌思量，看到神龕下已經有了台座，她們便不再猶疑，提一提裙裾，站上台座，決定那是她永世駐足的所在。

我只是一名曾經在這裡工作過的工匠。在那懵懂的夏日午后，我睡夢間恍惚見到了她們一一緩步走來，走進我雕好的神龕，靜定站立著，露著淺淺的微笑。她們知道這

女神駐足在神龕中，也駐足在人們的心裡，記起了美。（攝影：陶世恩）

一次睡夢可能長達千年，再醒來時，我還會再來，在眾多遊客間走過，把她不慎遺落在石壁下的花拾起。

空中沒有一點聲音，她們駐足在我心靈的神龕裡，無論歲月侵蝕，她們都不再離去了。我額頭的汗靜靜滴落在她們身上，暈染成淺粉色的肉體上一片淡淡的痕跡。

我停止了工作，放下手中的鎚斧，放下鑿刀，一朵花自空中飛落，掉落在我剛剛磨平潤飾過的石板上。映照著日光，花瓣四周有淺淺的光影，每片花瓣的舒卷伸展也都襯著淺淺的光影。我無思無想，只是呆呆凝視這一朵面前的落花。我拿起鑿刀，輕輕依照花的形狀雕刻了起來。

我知道自己曾經在這裡工作過，所以又回來了。我撥開蔓生的樹根，擦掉青苔，在斑剝的石壁上那朵花就顯現在我手指的撫觸間，使我再次回到那久遠以前的夏日午后。

你要學雕刻的技巧，需要一塊質地堅硬細密的石塊，需要有好體力，需要有精良的斧鑿刀鎚等工具。你也需要一名好師父，教你初步入門的技法。但是，別忘了，有一天，在不可知的某個夏日午后，不可知的一朵花的墜落，使你失了神，使你忘了雕刻，卻從心裡記起了美，你便有幸知道，美是多麼愉快欣喜的領悟。

那一朵花不知何時墜落？

一條生命源源不絕的大河——科巴斯賓山與千陽河

千陽河・水中林珈浮雕

第十五章　科巴斯賓山與千陽河

在清澈水流緩緩流過的底下，
一幅幅彷彿具體又彷彿抽象的
陰陽生殖的圖畫，隨著水波蕩漾，
使人相信生命真的從此傳延……

這是第三次到吳哥了。

記得第一次來是一九九六年，那時候柬埔寨內戰剛結束不久，很少國外觀光客。在戰爭期間，吳哥是各派游擊軍隊搶佔的地方，因此地下埋藏了密密麻麻的地雷。據說，短期佔領的軍隊，都在吳哥周邊布置地雷，之後，這個軍隊移防，或被殲滅了，埋藏在地下的地雷所在的位置，也都沒有人知道了。長達近五十年的內戰，一批一批軍隊來了又走了，吳哥城的地下也就埋藏了無數無人知道位置的地雷。

內戰結束，地下遍布的地雷變成吳哥城棘手的問題。一般的百姓上山工作，或到湖邊捕魚，甚至小孩子在樹林間裡玩耍，隨時都可能碰到地雷，炸到面目全非，肢體殘斷，血肉模糊。

你記得嗎？我們走在街上，一下子就蜂擁而來數十名殘障的乞丐，斷腿的，斷腳的，瞎眼或面目燒毀的，有男人女子，最使人不忍的是才兩、三歲的幼童，赤裸著身體，拖著下半身殘缺的肢體，在地上攀爬，乞求一點施捨。

我是在那麼多眾生現世受苦的不忍裡，第一次看到了吳哥城的莊嚴慈悲。

Ming，你那時接受一位荷蘭朋友的委託，正在金邊（Phnom Penh）負責戰後一些殘障孤兒的肢體復健。在很簡陋的木板搭的棚子下，你每天帶領一些兒童做肢體的練習。你嘗試讓在戰爭中因為太大的驚駭而對人失去信任的孩子，可以重新願意接觸人。我坐在一旁，看到他們一日一日，從彼此害怕、彼此防範、彼此攻擊，慢慢地，開始可以讓人靠近，願意讓你握住他們的手，讓你撫摸他們的頭髮，讓你俯在他們的耳邊輕聲說話，讓你用手緊緊擁抱他們；我們離開金邊的時候，他們甚至在你的帶領下能夠開始手舞足蹈，開始咿咿呀呀地唱起歌跳起舞來了。

我們從金邊飛到吳哥，好像無心觀看偉大的藝術，只看到滿街像昆蟲一樣匍匐求乞的殘障和戰爭孤兒。坐在一尊殘毀的古代吳哥的佛像下，佛像仍然低垂眼簾，閉目冥想沉思，嘴角微微淺笑，不知道是深情、還是無情，不知道是悲憫、還是譏諷，不知道是領悟，或是早已遺忘了人間。

我第二次來吳哥已經是在二〇〇二年底，這裡的情況改善了許多。在聯合國組織的籌劃下，許多國家的人道救援機構設立，一所以闍耶跋摩七世命名的醫院，收容了十六歲以下的兒童和青少年，由各國醫護人員協助，無條件照顧醫治病患。

那一次我才感覺到可以比較安心地去遊覽吳哥偉大的藝術和建築。

Ming，還記不記得吳哥城裡有一條暹粒河？這條河南北貫穿今天的暹粒市，河不寬，我們去的時候又是乾旱季節，對這條河大多沒有深刻的印象。

但是，在吳哥城遊覽，一定會發現，古代吳哥王朝所有的建築，包括神廟、宮殿和帝王陵寢，沒有例外，在建築體的外圍都有非常壯觀的護城河。著名的吳哥寺，外圍的護城河寬度竟然達到一百九十公尺。

這些護城河的水源當然從暹粒河引來，在長達半年的雨季，豪雨可以使洞里薩湖（Tonle Sap）的湖水面積增加三至四倍，暹粒河的河水就由這些用人工開鑿的護城河的空間來紓解水的氾濫。

這一次來，我特別了解了，一個世界上使後人尊敬的文明，如何建立與自然的關

上：巨石上的大神毗濕奴，祂也是生殖之神。下：毗濕奴浮雕的四周，一個一個球形浮雕布滿在河床上。
（攝影：廖珮晴）

係，如何與自然生態和平相處，如何尊重自然，不與自然為敵。

電視裡傳來我們的故鄉因為豪雨引起土石流的訊息，許多家園滑落到溪谷，許多居民無家可歸。我們曾經善待我們的河流嗎？短淺的眼光，只看到暫時的一點利益，何曾有長久的永續的生態觀念。

我聽說暹粒河發源於科巴斯賓山，在六〇年代，歐洲的考古學家發現了河床上的浮雕，似乎是吳哥王朝最早的藝術作品之一，但因為交通不方便，至今仍然不太為外人所知。我一方面想探河流源頭，另一方面想看看浮雕，就特別安排了一次到科巴斯賓山的行程。

科巴斯賓山在暹粒城北端，要經過著名的「斑蒂絲蕾」，完全是泥土路，黃沙飛塵，一路顛簸，好像船在大浪中。過了斑蒂絲蕾，路況更壞，但已遠遠眺望到科巴斯賓山了。

科巴斯賓山並不高，不到一千公尺，但是整座山是石體結構，巨大的岩石一塊一塊，使不高的山顯出了氣勢。古代的吳哥王朝，建築和雕刻的石材也都採自這裡，科巴斯賓山和吳哥文明的關係自然十分密切。

車子到了山下，帶了水和簡單食物，開始步行登山。

水中優尼浮雕。

熱帶的叢林，樹木高大，枝葉繁榮茂密，行走在樹蔭下的小徑，雖然還是微微出汗，卻有山風水聲一路相隨，不覺燥熱。

沿路的水流，因為是乾季，都不浩大洶湧，涓涓滴滴，在山谷石隙間潺潺流去，也不太能想像，這就是締造吳哥王朝文明輝煌成就的暹粒河的源頭。

大約步行一小時，到了山的高處，小徑更窄，溪谷間的巨石塊塊磊磊，水流在巨石間成急湍、瀑布，溪谷間開闊，可以踏著巨石，從此岸走到彼岸。

Ming，我在巨石間看到了浮雕，也許因為數百年來被水沖刷侵蝕，看起來有些漫漶，但依然可以辨認出是吳哥王朝信仰裡最重要的大神毗濕奴的形象，四隻手臂，各持不同的法器：日輪、蓮花、海螺和劍。

毗濕奴是萬物生長的護祐者，也是生殖之神。祂常常徜徉水中，把生命散布到四方。把神像雕刻在水源高處的山巔上，似乎不是為了供人瞻仰膜拜。這一處古代浮雕很晚才被西方學者發現，更說明地處偏僻的地區，一般人不太會造訪。

Ming，我在毗濕奴神的四周看到了奇異的景象，巨石上出現一個一個圓球形的浮雕，大大小小，高高低低，錯錯落落，布滿在河床的岩石上。

在大多數吳哥王朝的神廟中，都有一巨石雕成的男性生殖器的陽具造形，通常是近

林珈和優尼，組合成神殿中重要的膜拜空間。

一公尺高的一根圓形柱石，叫做「林珈」。偶然還看到當地男子在廟中雙手撫摸柱石頂端，虔誠祈禱。

「林珈」常常插設在一個方形的石雕底座上，方形台座象徵女性生殖的女陰造形，叫做「優尼」。「優尼」一端開口，正像子宮的產道。

在山谷的巨石間走著，果然發現一具一具的圓形陽具石雕常常被設置在方形的女陰象徵中，女陰造形一端也都有一個像產道的開口。

整條河流的河床石上都刻滿了陽具與女陰的生殖符號，藉由河水的沖盪，彷彿祝福著這生命的源頭汩汩不斷，流入人間，流入大城，護祐著人世的繁榮昌盛。

Ming，我在一些淺水處，看到在清澈水流緩緩流過的底下，一幅幅彷彿具體又彷彿抽象的陰陽生殖的圖畫，隨著水波蕩漾，使人相信生命真的從此傳延。

居住在河流下游的世世代代的人民，也許未必知道他們飲用的水，他們沐浴的水，他們用來灌溉的水，都已有了神的祝福吧！

這條河流的上源，因為發現了生殖符號的雕刻，已逐漸被西方人稱為「千陽河」。

從這條河流開始，有了一個城市的繁榮；從這條河流開始，也才有了一個文明的源遠流長吧！

THE BEAUTY OF ANGKOR

PART 5

羅洛斯遺址

【第五部】

從磚造到石質結構，從灰泥壁雕到砂岩石雕，
從六座寺塔不規則的排列，到神殿山建築精準比例的完成，
從羅洛斯遺址的草創，到吳哥寺令人驚歎的形式美，
吳哥文化的遞變過程，必須到了羅洛斯才能充分了解。

與水共生、崇敬東方——普力科寺

普力科寺・前三塔

攝影：廖珮晴

第十六章　普力科寺

相對於吳哥城的華麗偉大，
羅洛斯遺址的普力科寺顯得樸素簡單，
但是我在其間徘徊，感覺到一種開國的莊嚴……

吳哥是一座王城，經過一千年，在熱帶叢林裡湮沒成一片廢墟，但是當年城市的布局還清晰可見。談到吳哥城的建設，常常被提到的是在十二世紀末統治吳哥王朝的闍耶跋摩七世，但是事實上第一位選擇吳哥做為國都的卻是耶輸跋摩一世。他統治吳哥的時間是西元八八九到九〇八年。他在西元八八九年即位為王的時候，國都還不在今天位於暹粒的吳哥，而是在暹粒城東南方十三公里處的訶里訶羅洛耶（Hariharalaya），也就是現在被考古學家命名為羅洛斯遺址的一片廢墟，其中包括了著名的巴孔寺、普力科寺和洛雷寺三處重要的建築群，是了解第九世紀前吳哥王朝文化最重要的歷史遺跡。

如果吳哥城是令人懷舊憑弔的廢墟，羅洛斯遺址則更是廢墟中的廢墟了。

Ming，我今天出暹粒城了。車子向東南方不久，城市熱鬧繁榮的市集人潮都不見了。四周是一片灌木雜草叢生的原野，兩旁大片平曠開闊的土地，看起來非常肥沃，但少見有人耕作。車子開在黃土路上，沙塵滾滾。

十一月到隔年三月是柬埔寨的乾季，不太有雨，觀光客多選擇在這段時間遊覽吳哥。乾旱而又不那麼炎熱，對觀光而言，當然是最好的季節。但是，卻也看不到東南亞洲熱帶雨林夏日暴雨滂沱的壯觀景象，也很難了解古代吳哥王朝在水利工程設計上特有的成就。事實上，吳哥城的建築，處處都顯示著整個城市規劃，和水的利用與疏導有密切的關係。

以羅洛斯遺址年代最早的普力科寺來看，寺廟四周都有護城的寬闊壕溝環繞。這座寺廟，是因陀羅跋摩一世在羅洛斯河畔建都以後修築的第一座寺廟。護城壕溝長五百公尺、寬四百公尺，像一個大水庫，方方正正，把普力科寺防衛得非常嚴密。

如今這些壕溝多已乾涸，尤其在乾季，看不出從羅洛斯河引水修築人工溝渠的浩大工程，也無從了解這些水利設計在防衛、運輸、灌溉、疏濬，甚至宗教沐浴……各方面的用途。但是，考古學者從這樣規模的護城河設計來推斷，很可能普力科寺不只是一座單純的廟宇，同時也極有可能就是當時皇家宮殿所在的位置，只是到目前為止，宮殿的遺跡尚未發現。

吳哥王朝的傳統，只有祀奉神明的廟宇可以用磚石材料，一般人間的住宅，從帝王大臣到平民百姓，都以木材構造，因此歷經上千年，木質早已腐爛消失，留下的都是寺廟建築。以普力科寺的布局來看，護城河的範圍是五〇〇x四〇〇公尺，寺廟祭壇的內牆範圍只有九七x九四公尺，也由此可以推測，護城河環繞的廣大範圍內還有其他空間的使用，加上護城河本身規模的宏大，更使人懷疑具有保護皇室宮殿的目的。

吳哥王朝最早的創立者闍耶跋摩二世（Jayavarman II，在位802~850 註）曾經在湄公河（Mekong River）下游磅湛市（Kampong Cham）建都，他最後決定，把國都遷到羅洛斯河畔洞里薩湖氾濫區域，借助湖水氾濫取得豐富的漁獲，也適合農業種植。但是，洞里薩湖平時和雨季時的面積範圍相差很大，平時長二八〇公里、寬六〇公里的大湖，一旦到了雨季，湖水面積會增加兩到三倍，農田村落都被淹沒，漁民甚至發展出在樹上捕魚的技術，可見水位落差之大。因此，王都水利工程的設計，和建城的規模就必須密切配合起來。

註：闍耶跋摩二世在位期間另有西元802~835年等說法。

普力科寺的磚塔外層糊有灰泥，如今多已剝落。面目漫漶的神像猶自站立在神龕中。

因陀羅跋摩一世繼承王位之後，就大興水利，修建了吳哥地區第一個人工的水庫，用來調節水位，也用來儲水，寺廟建築的設計也都考量到雨水疏導的關係。

了解了羅洛斯遺址和當地雨季水流水位的關係，比較容易看出此後吳哥建築特殊形式的發展。

從普力科寺來看，不只有長寬五〇〇 x 四〇〇公尺這樣大規模的護城河來調節水的氾濫，使整個寺廟有良好的排水系統，同時寺廟主要建築都坐落在高台上，也具有防水避濕的功用。

普力科寺的中心是六座磚塔，每三座排成一列。磚塔外層糊上灰泥，灰泥質地較細軟，能雕刻非常精細的紋飾，可以看得出來，這種雕法就是吳哥王朝以後精細繁複石雕藝術的前身。年代久遠，如今灰泥多已剝落，露出內部的紅磚結構，雜草叢生磚隙之間。面目已經模糊漫漶的神像，猶自站立在神龕內。

普力科寺不只使人看到歲月滄桑，也透過歲月的剝蝕更讓我們了解到吳哥文明演變的歷程。從磚造到石質結構，從灰泥壁雕到砂岩石雕，從六座寺塔不規則的排列，到神殿山建築形式精準完美比例的完成，從羅洛斯遺址的草創形式，到吳哥寺令人驚歎的形式美的完成，吳哥文化的遞變過程，必須到了羅洛斯遺址才能充分了解。

普力科寺正殿台基上兩列磚塔，前排三座較大。這三座塔，中央一座祀奉高棉帝國的開國之祖闍耶跋摩二世，北邊的一座祀奉因陀羅跋摩一世的祖父魯特思瓦拉（Rudrecvara），南邊的一座則祀奉他的父親普立提藩陀跋摩（Prithivindrevarman）。這三座塔正是因陀羅跋摩一世為父系建立的皇室宗廟。排列在後方的三座磚塔，尺度較小，分別祀奉上述三位國王的皇后，可以說是母系宗廟。根據出土的碑銘記載，因陀羅跋摩一世在西元八八〇年一月二十五日，在此安置諸神祖先之靈，也由此開啓了吳哥王朝此後長達三、四百年輝煌的盛世歷史。

Ming，相對於吳哥城的華麗偉大，羅洛斯遺址的普力科寺顯得樸素簡單，但是我在其間徘徊，感覺到一種開國的莊嚴。

從一片荒煙蔓草的庭院走過，走進形式莊嚴的寺廟塔門，有引道直通正殿。正殿三座磚塔前各有一個入口，入口五層台階升向正殿，台階兩旁各有一尊守護石獅，昂首蹲坐遠眺，雕法簡潔，渾厚而有力，面向正東，好像一切如初日東升，蓬勃而有朝氣。階梯前各有巨石雕的黃牛像，這是印度教最高主神濕婆的坐騎「難敵」，牛頭面向寺塔，好像諸神的祝福呵護著宗廟，要使子子孫孫永遠受到最好的庇祐。

Ming，普力科寺至今遊客很少，一方面距離吳哥城中心較遠，另一方面也因為建築形式還沒有發展到像吳哥城內寺廟宮殿那麼富麗完美吧！遊客也許感覺不到這一片荒煙蔓草有任何值得欣賞流連的迷人之處。

但是，Ming，我在這裡徘徊了很久，冥想著吳哥王朝初創時期的謹慎謙卑，冥想著建國的君王，帶領著臣民勘察地形，決定新的國都位置，冥想著他們如何記錄雨季和旱季水位的落差，冥想著他們如何修築溝渠，開挖護城河，修建宮室，冥想著他們定居日久，知道了每一日太陽升起的方向，他們在黎明柔和的光裡淨身沐浴，敬拜天神，敬拜死去的父母祖先。他們選擇了最重要的位置祀奉父母祖先，朝向正東的方向建築了寺塔。

Ming，我坐在灰泥都已斑剝的寺塔旁許久，寺塔前庭原來磚石鋪砌的地面幾乎已被叢生的雜草掩沒，不知道要如何撥開雜草，可以重新看到當年踩踏在上面的足跡。那些赤裸的足踝，帶著金銀的鐲飾，腳掌用胭脂色粉染得嫣紅，一步一步走上台階，端正站在寺塔前焚香，香煙繚繞，一直升上寺塔頂端。塔頂用磚砌成高聳的山的形狀，崇高而又莊嚴，父母祖先有了位置，歷史也有了傳承。

在山與水之間，找到人的定位——巴孔寺與洛雷寺

洛雷寺・石碑銘文

攝影：廖珮晴

第十七章　巴孔寺與洛雷寺

我在尋找什麼？
不是華麗的宮殿，不是崇高的殿宇，
而是在被時間淹沒的乾涸水庫裡，
曾經有過的豐饒富裕的生活嚮往……

Ming，真希望有一天能在大雨滂沱的夏季來羅洛斯遺址。

我在一片黃土飛塵的廢墟裡，想像一千兩百年前這裡的景象。想像到處都是大水，洞里薩湖浩浩蕩蕩，無邊無際地蔓延氾濫，水裡游動著成群成群肥碩的魚，跳躍滑動著細細鬚腳的透明的蝦，漁民們用網捕撈，網一拉起來，沉重的網裡擠滿的魚蝦掙扎蹦跳，在地上劈劈啪啪，濺起岸邊泥漿。想像聞嗅到一陣撲鼻而來的魚蝦的腥味，非常強烈的生猛的氣味。據說，時至今日洞里薩湖氾濫，居民還住在大樹上，在樹上捕魚。

初初建國的真臘王朝，還沒有遷都到吳哥，在羅洛斯河邊這片土地上建立了王城，王城面對的第一個問題，當然就是治水工程。如何疏導氾濫，如何儲水，如何引水完成護城河的防禦功能。站在高地，看面前大水浩蕩，一個治國者，思考著他心裡理想的水利工程的藍圖。

在這一片大水面前的，應該是因陀羅跋摩一世。他在完成了祭祀祖先的宗廟普力科寺之後（880），又動工修建了首都第一座祭祀天神的神殿山巴孔寺（881），但是他在位期間最重要的建設，事實上是一座水庫。我依據資料尋找水庫，但一片荒煙蔓草，已看不出水庫的遺跡。

據記載，水庫當初面積有一千八百公尺長、八百公尺寬，目前可以約略了解水庫規模的標誌，是殘存的洛雷寺。當初因陀羅跋摩一世修建水庫，水庫挖掘時，挖出的土就堆放在東西軸線的正中央，形成一個人工小島，本來工程中就包括島上的一座寺廟。但是，水庫浩大的工程並沒有在因陀羅跋摩一世在位期間完成，島上廟宇也一直要到他的兒子耶輸跋摩一世在西元八九三年才告完成。考古學者發現銘文上記錄著，八九三年七月八日洛雷寺供養天上的四位大神。這座建在島上的寺廟，正是具有保護新建水庫、求神祈福的意義。

目前洛雷寺剩下的建築物已經不多，我拿著法國人寫的旅遊書，書上對洛雷寺建議的參觀時間只有十五分鐘，我卻在這裡徘徊了很久。我也在問自己，我在尋找什麼？不是華麗的宮殿，不是崇高的殿宇，而是在被時間淹沒的乾涸水庫裡，尋找這裡曾經有過的豐饒富裕的生活嚮往，尋找那些活蹦亂跳的魚蝦蚌蛤豐富起來的漁民生活。

在吳哥寺和皇宮牆壁上都還浮雕著鱷魚、蝦、螃蟹、蚌蛤各類水族的形貌，這個民族的生活確是和水，和湖泊、河流、海洋有著密不可分的關係。我也彷彿行走在遍開蓮花的淺水中，撫摸祝福每一朵將要在黎明第一線陽光裡綻放的花苞蓓蕾。這片廢墟好像復活了起來，有水聲涓涓流淌，有划櫓搖槳的蕩漾，有女子的歌聲隨水聲應和。

然而，沒有浩大的水利工程建設，不會有吳哥文明。

Ming，什麼是文明？當強大的帝國傾頹了，當王朝已成歷史，宮殿城市都成廢墟，有什麼東西會留下來，被稱為「文明」，被千百年後的人懷念眷戀嚮往？

我依靠著洛雷寺的磚塔，塔身並不高，敷在紅磚表面的灰泥大多剝落了，紅磚的隙縫長滿了草，甚至生長了小樹。

磚塔的門框是用岩石砌建的，門楣上有非常精細的灰泥浮雕，浮雕的中心因陀羅大神騎著Airavata，也就是有三個頭的神象。以因陀羅神為中心，七頭的蛇神Naga向兩邊

上：巴孔寺是吳哥王朝第一座神殿山形式的建築（攝影：西泊殘影）。下：皇宮水池台座上，浮雕著魚蟹蚌蛤等各類水族。

伸展長長的身軀。蛇身下方是旋轉翻捲成像花瓣一樣的浪花圖案，蛇身的上端是從浪花中一尊一尊飛升起來的阿普莎拉女神。美麗的女神，水的女神，從浪花中誕生的女神，她高踞在神廟的門楣上，保護祝福著攸關百姓生活的水庫。

水庫真的乾涸了，即使我努力尋找，也找不到一點蛛絲馬跡。但是當地的人告訴我，每到雨季，原來水庫的低窪地區還是被水瀰滿，當地的農民也利用這個時候在淺水的平地插秧種稻，古老的水庫也就轉型變成一片綠油油的水田。

洛雷寺修建時間和普力科寺相近，所以建築風格也相同，這些殘存的四座磚塔，看起來像佛教的法器「金剛杵」。印度教的建築特別善於運用轉角摺疊的層次變化，使一座比例並不大的磚塔，呈顯出高聳而又規矩、秩序井然的端正莊嚴。

許多學者推測，洛雷寺的磚塔，原來的設計和普力科寺一樣，可能是六座，目前只有四座的原因，是因為耶輸跋摩一世已經決定遷都到吳哥了，羅洛斯遺址因此留下了沒有完成的水庫和沒有完成的神廟。

羅洛斯遺址的重要，正是因為此地建築代表了第九世紀柬埔寨文化的典型，而這個地區的風格才是孕育吳哥古文明重要的基礎。

設計在水庫中心島上的洛雷寺，如果是吳哥建築中和「水」對話的建築空間；那麼，巴孔寺就是最早思考「山」的建築典型了。

巴孔寺建於西元八八一年，是因陀羅跋摩一世修建的第一座「神殿山」形式的建築。所謂「神殿山」（Temple-mountain），是印度教相信，宇宙的中心是一座須彌山。因此，神廟的布局不像洛雷寺一般是平面展開的空間。

巴孔寺以五層逐漸向上縮小的平台，建構起「山」的象徵。最底層的台基長六十七公尺、寬六十五公尺，近於正方，逐漸向上縮小，和埃及金字塔的前身Mastaba結構幾乎完全一樣。到了最上一層，平台長二十公尺、寬十八公尺，這種逐層向上加高又縮小的形式，具體象徵了印度教對山的崇拜。在最高一層平台中央，又修建了一座高度達十五公尺的高塔，把人的視覺筆直拉高，非常像歐洲中古世紀哥德式大教堂的尖頂功能，使信徒在攀爬陡直的階梯時，一直有一個最高的視覺嚮往。

「山」的形式完成了，不動、穩定、崇高、莊嚴的山，是自然宇宙裡存在的山，也是人在信仰精神上仰望依賴的山。

巴孔寺的面積很大，目前外圍發現的護城河長九百公尺、寬七百公尺，河的平均深度都有三公尺深。做為當時國都的國家寺廟，巴孔寺可以說是羅洛斯遺址上最重要的建築。寺廟中還保有紅磚修建、外敷灰泥的小塔，圍繞中央高塔，總共有二十二座，但是台基的部分已經完全用岩石砌造。巴孔寺中也出現完全用石砌的長形房間，布置在東邊塔門入口的兩側，這些長型房間西方學者稱為「圖書館」，推測是當年置放經書的「藏經閣」。

與大水對話的洛雷寺，與大山對話的巴孔寺，在吳哥王朝遷都之前，羅洛斯遺址的建築群已經在山與水之間找到了人的定位。

Ming，我想，文明正是在宇宙天地山川之間，尋找人的定位吧！

THE BEAUTY OF ANGKOR

PART 6

心的駐足

［第六部］

美無法掠奪，美無法霸佔，
美只是愈來愈淡的夕陽餘光裡一片歷史的廢墟。
帝國和我們自己，有一天都一樣要成為廢墟；
吳哥使每一個人走到廢墟的現場，看到了存在的荒謬。

美，總是走向廢墟

THE BEAUTY OF ANGKOR

CHAPTER 18

塔普倫寺・與樹共生

第十八章

我穿過廊道，穿過我自己的生命，
看到成，住，壞，空；看到存在，也看到消失。
或許，吳哥窟真正使我領悟的是時間的力量吧！

吳哥王朝留下了一片遼闊的廢墟。

在廢墟間行走，有時候恍惚間不知道自己身在何時何地。

寺廟多到看不完，法國人編的旅遊書把行程規劃成三天、四天、五天、七天、九天……不等的內容。

最短的行程一定是以吳哥寺和巴揚寺為重點，找到了吳哥王朝文明繁華的巔峰，找到了城市布局的中心，再慢慢從中心向四周擴大，依據自己可以停留的時間規劃出希望到達的範圍。

Ming，我在廢墟間行走，我不知道自己如此短暫的生命是否可以通過、經驗、體會上千年繁華剎那間成為廢墟的意義？

有時候我依靠著一堵傾頹的廢牆睡著了。我想停止行走，停止下來，沒有繼續接下來的行程，沒有此後的規劃，我想靜靜在睡夢的世界，經驗時間的停止。我想覺悟：自己的短暫生命，城市繁華，帝國永恆，都只是睡夢裡一個不真實的幻象而已。

吳哥的建築美嗎？吳哥的雕刻美嗎？

為什麼一直到此刻，使我錯愕悸動的，其實是那一片片的廢墟？那些被大樹的根擠壓糾纏的石塊，那些爬滿藤蔓苔蘚蛛網的雕像，那些在風雨裡支離破碎的殘磚斷瓦，那些色彩斑剝褪逝後繁華的蒼涼，那些原來巨大雄偉、卻在歲月中逐漸風化成齏粉的城垣宮殿，一個帝國的永恆，也只是我靠在傾頹的牆邊，匆匆片刻睡眠裡一個若有若無的夢境吧！

許多朋友詢問：去吳哥要多少天？

如果還在夢境的廢墟牆邊，我必定難以回答這個問題吧！

如果不是膚淺的觀光，不只是在吳哥，走到世界任何一片曾經繁華過的廢墟，我們都似乎是再一次重新經歷了自己好幾世幾劫的一切吧？自己的愛，自己的恨，自己的眷戀，自己的不捨，自己的狂喜與沮喪，自己對繁華永恆永不停止的狂熱，以及繁華過後那麼致死的寂寞與荒涼。

我在廢墟中行走，我不知道自己在尋找什麼？

我穿過一道走廊，方整的石柱約兩公尺高，柱頭四周雕刻了一朵朵蓮花。蓮花輕盈，承接著上面粗壯沉重的石樑。石柱四面刻了非常精細的浮雕，像最精緻的刺繡，繁複綿密。浮雕刻得很淺，好像皮影戲映照在潔淨白布上的幻影，華麗迷離卻又完全不真實。石樑上的雕刻比較深，樑的上下緣也都裝飾了蓮花。蓮花之上，一尊尊的神佛端坐沉思冥想。

大部分的佛像已經被盜，從石樑上整尊被砍挖下來，原來佛端坐的位置，只剩下一個使人冥想的空洞。

Ming，我面對的是一個冥想的空洞，那精細雕鑿的神龕裡一個消失的人形。祂仍然端坐著，祂仍然陷入沉思，祂還在冥想，而祂的肉身已消逝得無蹤無影。

我想到「佛」這個字，從梵文翻譯而來，採取了「人」與「弗」的並置。「弗」是「沒有」，「弗」是存在的消失；那麼，「佛」也就是「人」在消失裡的領悟嗎？

廊是一個通道，原來上面有覆蓋的石板屋頂。屋頂坍塌了，大片的石板摔落在地

門像是一個神秘的界限，界限了執著和了悟，界限了有和無……

上，阻礙了通道。

廊的盡頭是一道門，長方形的門，用重複細線凹槽的門框裝飾，好像要加重強調「門」的意義。

我穿過廊道，看到柱子，看到橫樑，看到屋頂，看到人在空間裡完成的建築。看到雕刻，看到花紋與蓮花裝飾，看到已經消失的佛像。

我穿過廊道，穿過我自己的生命，看到成，住，壞，空；看到存在，也看到消失。

我停在長方形的門前，門前有兩層台階，門被放置在比較高的位置。因為年代久遠，門框有點鬆動了，原來密合的地方露出一、兩指寬的縫隙。門兩側侍立的女子，手持鮮花，衣裙擺盪，應該是婀娜多姿的嫵媚，卻因為整個建築的崩毀肢解，女子的身體也從中央分開，分解成好幾塊。

這是再也拼合不起來的身體，好像身體的一部分在尋找另外一部分。頭部大多不見了，留下一個茫然不知何去何從的身體。

我不知道為什麼一直停留在門前。這扇門像一個神秘的界限，界限了室內和室外，界限了這裡和那裡，界限了執著和了悟，界限了生和死，界限了此生和來世，界限了有和無，界限了進入和離去，界限了抵達和告別……

這裡幾乎是遊客不會到的地方，這裡被崩塌的石塊堆疊阻礙，不容易行走。大樹的根四處生長蔓延，屋頂上垂掛下來頑強的薜荔藤蘿，一些寄宿的野貓被驚嚇，嗯的一聲，從陰暗的角落竄出，慌亂奔逃而去，留下死一般的寂靜。

留下我一個人，聽著自己從前世一步一步走回來的腳步聲，知道這一片廢墟等待我許久許久，等待我穿過這段走廊，等待我站在這長方形的門前，等待我隔著一千年再來與自己相認。

或許，吳哥窟真正使我領悟的是時間的力量吧！

一位當代的錄影藝術家維歐拉（Bill Viola），用攝影機記錄物質的消失。經過剪接的節奏，維歐拉使觀者感受到時間，感受到時間在物質上一點一點消失的錯愕。一條魚，存在著，像十七世紀荷蘭畫派用最精細技法畫出來的魚，每一片魚鱗的反光，魚的眼睛在死亡前呆滯茫然的瞪視，存在這麼真實。然而，維歐拉記錄了真實在時間裡的變化。他使我們看到魚的腐爛，蒼蠅嗡嗡飛來，密聚在魚的屍身上，螞蟻鑽動著，他剪接的節奏使時間的變化可以用視覺觀察，魚肉不見了，剩下一排像梳子一樣的魚骨，剩下魚頭，剩下瞪視的眼睛和尖利的牙齒。

歐洲人在十九世紀最強盛的時候走進了吳哥，他們讚歎吳哥文明，讚歎建築之美，讚歎雕刻之美，他們從牆上砍挖偷盜精美的神佛，甚至把整座石雕橋樑拆卸帶走，巴黎的居美（Guimet）美術館至今陳列著從吳哥盜去的文物。

吳哥其實早已是一片廢墟。五百年前吳哥就被毀滅，城市被火焚，建築上的黃金雕飾和珠寶被劫掠，人民被屠殺，屍體堆積如山，無人收埋，致死的傳染病快速蔓延，最後連侵略者也不敢停留，匆匆棄城而去。吳哥被遺忘了，熱帶大雨沖去了血跡，風吹散了屍體腐爛的臭味，白骨被沙塵掩蓋，血肉肥沃了大地，草生長起來，大樹扶疏婆娑，有人回來，看到一片廢墟，若有所思。

十九世紀歐洲人在強盛的巔峰走進了吳哥廢墟，他們震驚古文明的偉大，他們想佔有美，他們用最貪婪粗暴的方法掠奪美、霸佔美，試圖把美佔為己有。

但是，美從不屬於任何私人。

美無法掠奪，美無法霸佔，美只是愈來愈淡的夕陽餘光裡一片歷史的廢墟。帝國和我們自己，有一天都一樣要成為廢墟；吳哥使每一個人走到廢墟的現場，看到了存在的荒謬，或許慘然一笑。

斤斤計較藝術種種，其實看不到真正動人心魄的美。美，總是走向廢墟。

在居美看見吳哥

THE BEAUTY OF ANGKOR

CHAPTER 19

居美・卜力坎寺石雕

第十九章

在吳哥，神佛的微笑是從
現世縈繞的苦難卑微裡昇華出來澄淨的美。
在居美，好像與這一尊石雕對話，
祂的微笑可以一直烙印進我身體之中。

Ming，我在巴黎。

七月十四日清晨抵達，是法國國慶，慶祝活動多在晚間，街上靜悄悄的，整個城市似乎還在睡夢中。

今年租到的住處正對龐畢度藝術中心（Centre Georges Pompidou）。坐在客廳，窗外就是廣場。中午以後各種街頭表演開始，熱鬧喧嘩。入夜以後卻異常安靜。我泡了一壺茶。天色漸暗之後，龐畢度藝術中心量體龐大的建築只剩下細細的鋼鐵支架上的打光，透露出工業結構的冷靜、精確。微風習習吹來，使畫了一天畫的疲憊與激動安靜下來，好像靜到可以聽見自己心裡的聲音。聽到一個聲音，像一朵花在入夜綻放，靜默無聲。

花的綻放是不是一種聲音？

我總是在梵谷的向日葵或鳶尾花的盛放裡聽到哭聲、笑聲。

最安靜的花開在宋朝，宋人小品扇面裡的花，朵朵都是微笑的聲音。

微笑可以是一種聲音嗎？

今天去了居美美術館，坐在一尊吳哥窟的雕像前，靜看那閉目凝神的石雕。安靜的微笑，像一朵花，緩緩在石塊裡綻放，我聽到了聲音，深藏在石塊裡如此清澈如水的笑聲。

居美美術館在十六區，離艾菲爾鐵塔不遠，斜對面就是現代美術館。面對著一個廣場，居美古典形式的建築頗為突出。這幢建築因為豐富的亞洲藝術品及文物收藏而著名。

七〇年代，我常來這裡，建築已顯得有點老舊，陳列的方式也有點晦黯。九〇年代經過六、七年的整修，做為法國國家博物館的亞洲部分，居美受到了重視，從建築體本身到收藏品的管理、陳列、研究……全都煥然一新。

我一走進大廳，立刻感覺到和七〇年代來這裡完全不同的感受。

十八世紀前後，西歐列強發展海上霸權。西班牙、英國、葡萄牙、法國、荷蘭、德國……相繼在非洲與亞洲、美洲尋找殖民地。

殖民地任由列強霸佔，政治失去了自主性，經濟命脈由列強操控，大量物質資源被運走，經過工業加工，再傾銷回人口廣大的殖民地，殖民地也成為列強最好的獲得暴利的消費市場。

在進入二十一世紀的時刻，全球的殖民地紛紛脫離列強獨立，進入「後殖民時期」。而我，在這個時刻，站在居美美術館大廳，凝視一尊巨大石雕。一個七頭的蛇神Naga，高高昂起蛇頭，牠的身體延伸成橋的護欄，有神魔的手正拉著蛇的身體，攪動乳海。

這是我在吳哥窟原址看到的每一個城門入口，每一座寺廟、宮殿入口都有的雕刻。而此刻，我看到的是從吳哥窟被硬生生割裂下來移植在巴黎美術館的石雕。

十九世紀中期，一個研究熱帶昆蟲的法國學者亨利・穆奧進入了柬埔寨西邊的叢林，他披荊斬棘，在層層包圍的熱帶雨林中「發現」了吳哥。

他的研究資料被公布，震驚了歐洲人，也引發了至今仍在發燒的吳哥文化的西方研究。

七頭蛇神橋欄石雕。居美東方美術館藏。

柬埔寨不久即淪為法國的殖民地，在長達近百年的殖民統治裡，柬埔寨經歷了翻天覆地的變化。如同所有亞洲曾經淪為殖民地的國家，那被殖民的記憶，像熱烈的烙鐵留下的印痕，即使在獨立之後，仍然疤痕宛然。也許要在更長的歲月裡，才能撫平那揮之不去的痛與恨，屈辱與卑苦，那努力尋找自我價值卻困難重重的心靈復健的過程吧！

法國覺醒的知識分子長久以來就有這種後殖民的反省與自責。早在十九世紀就有人指出，法國人「發現」吳哥的謬誤。

吳哥一直在那裡，在柬埔寨，在它自己的土地裡，像一棵大樹。

如今這棵大樹被連根拔起，被用強勢手段硬生生搶走，移植在巴黎的博物館。眾人前來觀賞讚歎，法國人說：我們「發現」了吳哥！

我讀到一本書，記錄了十六世紀以來，以耶穌會為主的歐洲傳教士，他們千里迢迢，到了東南亞，進入蠻荒的吳哥，學習當地的語言風俗，探討當地的宗教信仰，為當地人治病，細心記錄下寺廟建築結構，圖繪下雕刻的形式。他們終生在吳哥工作學習，最後死在吳哥，成為吳哥土地的一部分。

他們沒有掠奪，沒有霸佔，他們是最早反省殖民主義的知識分子。他們指責「發

闍耶跋摩七世頭像。居美東方美術館藏。

現」這種自大的觀念，他們說：吳哥一直在那裡，有他們自己的信仰與生活方式，有他們自己的生命價值。

在居美美術館，你會看到印度的雕像，泰國的、緬甸的、越南的佛像。上到二樓，會看到中國、韓國、日本的收藏，從阿富汗到敦煌的佛教文物都非常豐富，而其中最足以令人震驚的，當然是吳哥王朝的石雕。

可以想像，十九世紀，一個法國人要從柬埔寨運走吳哥王朝最精美的雕刻，是多麼容易的事。

我們知道，在清末至民初，西方人可以隨便丟幾個硬幣，就有一群中國老百姓幫他們打下雲崗的佛頭，用棉布包好帶走。

對於許多亞洲、非洲的人民，那一段歷史並不是一個很好的記憶。

但是，我此刻重來居美美術館，站在一尊應該是闍耶跋摩七世皇后的石雕像前。石雕雙臂都已殘斷，上身赤裸，腰圍一裙。雕法非常簡樸，不知道是不是去除了繁雜瑣碎的細節。這一尊在巴黎美術館中的雕像，和我在柬埔寨吳哥窟看到的略有不同。在吳哥窟，我看到雕像在熱帶叢林裡，被風雨侵蝕，烈日炙烤，處處可見霉斑苔蘚滋長，藤蔓纏繞。我自己一身被汗濕透，被當地各種求生活的小販、乞丐圍繞，那一尊

闍耶跋摩七世皇后石雕像。居美東方美術館藏。

靜定安謐的神佛的微笑，是從現世縈繞的苦難卑微裡昇華出來澄淨的美。

此刻我在居美美術館，舒適的空調，舒適的照明打光，旁邊沒有任何干擾，我靜靜冥想，好像與這一尊石雕對話，祂的微笑可以一直烙印進我身體之中。

闍耶跋摩七世，一個吳哥歷史上最重要的君王，創建了巴揚寺、塔普倫寺，吳哥王朝在他統治期間由印度教信仰轉為佛教。在他晚年，把自己冥想靜定的微笑的面容雕刻在許多建築物上。那些微笑，高高低低，錯錯落落，通過七、八百年的災難、飢荒、戰爭、疾病流傳，一直閉著眼睛，只是淡淡地微笑著。

西方人也許難以理解那樣不可思議的微笑裡充滿的悲憫之情吧！

Ming，幾次來居美，在闍耶跋摩七世的微笑前靜坐。這個遠離了故鄉的雕像，如此冥想微笑；而我，好像可以在冥想裡和祂一起回到吳哥，回到那個河裡蓮花盛放的土地，一起微笑。

帶一本書去吳哥吧！

吳哥寺・護城河

第二十章

七百多年前撰寫《真臘風土記》的周達觀，大概無法想像，他的一本雜記，可以影響到歐洲人，影響到今日我們重新了解吳哥窟的文明。

Ming，在吳哥窟旅行，許多歐洲人手上都帶著翻譯本的周達觀的《真臘風土記》。

周達觀是元朝浙江永嘉地方的人。元成宗元貞二年，西元一二九六年，他奉派去真臘的首都吳哥窟，住了整整一年，回國之後，把在吳哥窟種種見聞記錄下來，寫成了《真臘風土記》。

這本書在元代的時候只有手抄本，到了明代，才有了木刻本刊印，但也多雜在叢刊中，沒有單獨的刊印本。明代的《說郛》、《歷代小史》、《古今逸史》、《古今說海》、《百川學海》等叢刊中都收錄了《真臘風土記》。

到了清代，《古今圖書集成》和《四庫全書》也都收錄了這本書。

十九世紀，由於歐洲人開始經略亞洲，對東南亞的歷史、地理非常重視。這本在當時華文世界幾乎被遺忘的著作，反而在一八一九年由法國人雷穆沙譯成了法文，發行在《旅行年報》（*Nouvelles Annales des Voyages*）上。

法國在十九世紀末，已經把東南亞的柬埔寨、寮國、越南，劃入其殖民範圍，法文版的《真臘風土記》提供了一定的史料及風俗情報。

一九〇二年，法國著名的漢學家伯希和依據較好的版本，重新翻譯了《真臘風土記》，把華文史料加以當時的實地勘察資料，相互印證，做了很多詳細的補註。這本書對當時的歐洲社會提供了完善的吳哥窟文化資料，也產生了很大的影響。

民國二〇年，中國學者馮承鈞從法文本再翻譯成中文，才又引起華文世界的重視。

一九七〇年，學者金榮華先生參校各種版本的《真臘風土記》，做了詳細的校註，也是我最早閱讀而受益很多的一個版本。

Ming，文明的影響往往長久而深遠。七百多年前撰寫《真臘風土記》的周達觀，大概無法想像，他的一本雜記，可以影響如此深遠，影響到歐洲人，影響到今日我們重新了解吳哥窟的文明。

我也習慣帶著《真臘風土記》到吳哥窟，尋找古今相差七百年的異同。周達觀的書裡譯為「澉浦只」、「甘孛智」，都是今天的「柬埔寨」，古今譯名可以有這樣大的差別。

周達觀當年是從浙江溫州出發的，向西南南方向行船，過福建、廣東外海，半個月後抵達今天越南中部，再從占城（歸仁）到真蒲（頭頓港）。頭頓港即是從海岸線進入湄公河上溯至內陸的港埠。

周達觀從頭頓港向西北方向溯溪河進入內陸，半月後到了「查南」。金榮華先生考證，認為「查南」即今金邊湖入洞里薩河的「磅清揚」（Kampong Chhnang）。

從磅清揚要換小船，進入洞里薩河，經過佛村（今菩薩市）十餘天，可以抵達洞里薩湖西北岸暹粒河口的「碼頭」，《真臘風土記》中用柬埔寨語音譯為「干傍」。

周達觀是在元貞元年六月受命，隨元朝廷的招諭使出訪真臘。第二年（一二九六年）二月從溫州出發，三月十五日到達占城。「中途逆風不利，秋七月始至」，走了將近半年。他在吳哥窟停留到大德元年（一二九七年），「六月回舟」，利用西南季風北上，八月十二日返抵國門。

我在今日直達吳哥窟的飛機上看這本書，感覺周達觀七百多年前艱難而漫長的旅程，或許我應該慶幸自己可以乘坐快速而方便的交通工具吧！但也同時似乎遺憾少了許多周達觀沿途觀察記錄的豐富經驗。

今天以方便快速為主要訴求的觀光，或許已失去了許多昔日慢慢感覺一個文化的耐性吧！

我在飛機上一一重讀了〈城郭〉、〈服飾〉、〈官屬〉、〈三教〉幾篇，回想著當年周達觀走在吳哥城中的景象。他有一年的時間，可以到處瀏覽，他的記錄也有許多精準的細節。尤其是在一四三一年吳哥城毀於戰火之後，大部分的寺廟宮室都在五百年間為叢林吞沒，成為一片廢墟，許多近代出土的碑銘又太簡陋，因此，了解吳哥王朝當年的生活，似乎只有依靠這一本翔實的札記。

我們的觀光文化已經愈趨廉價粗糙了，往往一次旅遊，沒有任何知識與心靈的收穫。看到歐洲遊客帶著一本法文版的《真臘風土記》，一面閱讀，一面慢慢瀏覽，感懷一個文明的存在、偉大與消失，也許才是真正有意義的旅遊吧！

周達觀的描寫不落於抽象，常常提供很具體的形容，用來和吳哥寺今日浮雕中的形象對照，顯得特別有趣。

我在吳哥寺南壁浮雕中看著國王的形象，也就拿出了〈服飾〉一段的句子來比較：

「惟國主可打純花布，頭戴金冠子，如金剛頭上所戴者。或有時不戴冠，但以線穿香花，如茉莉之類，周匝於髻間。項上帶大珠牌三五片；手足及諸指上皆帶金鐲指展，上皆嵌貓兒眼睛石。其下跣足，足下及手掌皆以紅藥染赤色。出則手持金劍。」

這一段描寫，若能對比現今發現的吳哥浮雕，對比國王或貴族的造形，會對吳哥王朝的存在有更具體的印象。

吳哥寺著名浮雕中有特別精細的關於國王出巡的描繪，正好可以與周達觀〈官屬〉一段的文字記錄相印證。吳哥文化承襲印度的習俗，尊貴的人物出入都有傘蓋侍從，也以傘蓋的多少，表現人物地位的高低。

《真臘風土記》說：「其出入儀從，亦有等級：用金轎杠、四金傘柄者為上，金轎杠、二金傘柄者次之，金轎杠、一金傘柄者又次之，只用一金傘柄者又其次也。其下者只用一銀傘柄而已，亦有用銀轎杠者。」

吳哥寺的浮雕，色彩部分多已剝落，但可以配合周達觀的記錄，了解到貴族乘坐的車轎，轎杠的部分有包金裝飾，或包銀裝飾，用來劃分等級。浮雕上或許原也有金銀箔裝飾，今已脫落而已。

對於車轎的形制，周達觀也在〈車轎〉一單獨篇章中做了詳細的描述：

吳哥寺浮雕刻有妃嬪乘坐著「軟轎」出巡。

「轎之制，以一木屈其中，兩頭豎起，雕刻花樣，以金銀裹之，所謂『金銀轎杠』者此也。每頭三尺之內釘一鉤子，以大布一條厚摺，用繩繫於兩頭鉤中，人坐於布內，以兩人抬之。」

文字的描述無論多麼精細，其實並不容易了解。這一段對「車轎」的描寫，可以知道是用厚布製成的「軟轎」，但若對比著吳哥寺牆壁上的浮雕圖像，可以一目瞭然車轎的造形了。

古史料的保存，與現今文物的對照，方便了對古文明的了解。這樣的方法，固然在上層的學術研究上有價值，對一般遊客而言，若想比較深入去理解一個文明，也有很多助益。

吳哥文化中，「象」扮演重要的角色，一直到今天，仍可以看到大象做為運輸或交通的工具，對當時從北方南下的周達觀而言，記錄到：「馬無鞍，象卻有凳可坐。」他的許多描述顯然有著文化差異的比較。從現今吳哥寺浮雕和現實生活中都不難看到「象凳」，讀到這一段，也都可能會心一笑。

有人認為《真臘風土記》是一本具有軍事情報的資料，因為周達觀是元朝皇帝派去真臘宣揚國威的招諭使團的一名成員。周達觀留心吳哥王朝城市的布局，護城河的寬

吳哥寺浮雕可看到貴族乘坐的「象凳」和「傘蓋」儀從。

度，城牆的高度與城門的寬度，甚至政治組織的等級，物產及氣候等等，都可以做為某一種軍事研究的企圖來看。

早在七百年前，元代的軍事就已經不只是粗暴的武力對決，也同時知道，深入研究一個地方的民情風俗，才是軍事優勢的重點吧！

但在周達觀的書中，有一些部分也反映出一個深受儒教影響的華人對異文化的好奇，或許不完全出於軍事報告的動機。

吳哥文化的女性角色，與當時的華人社會非常不同，周達觀有不少關於女性特質的觀察值得省思。

〈產婦〉一段，記錄了柬埔寨婦女生產後的調理方式，似乎使周達觀十分訝異：「番婦產後，即作熱飯，拌之以鹽，納於陰戶，凡一晝夜而除之，以此產中無病，且收斂常如室女。余初聞而詫之，深疑其不然；既而所泊之家有女育子，備知其事，且次日即抱嬰兒同往河內澡洗，尤所怪見。」

周達觀對當地婦人產後以熱飯拌鹽納入陰戶的調理方式，大為吃驚，但他似乎有實證的精神，不只是相信傳聞，而能在借住的人家實際觀察，做為記錄的證明。

風俗的不同，往往因為不同的客觀環境而改變。觀光的文化帶著自己的主觀，誇張異文化的怪異性，本就帶有歧視的成分。近代的人類學知識提供給人們更寬廣健康的角度，來面對及探討與自己不同的文化，也使現代人對單一文化的自我中心有更多反省。

周達觀當然深受儒教影響，華人社會的倫理道德體系，深深烙印在他的身上。他也一定無法擺脫那一年代男性中心的大沙文心態，因此，可能對柬埔寨不同文化下的女性角色產生批評與排斥。下面這一段記錄，也許特別表現出周達觀主觀意識的判斷：

「人言番婦多淫，產後一兩日即與夫合；若丈夫不中所欲，即有買臣見棄之事。若丈夫適有遠役，只可數夜，過十數夜，其婦必曰：『我非是鬼，如何孤眠？』淫蕩之心尤切。然亦聞有守志者。」

儒教長期的禮教禁慾，使周達觀熟悉的大部分漢族社會，女性已沒有情慾自主的表達可能。「淫」之一字，變成桎梏女性的巨大枷鎖。在真臘王朝，周達觀發現婦人一生產完就要求丈夫性的交合，一旦不能滿足，即提出分手。丈夫外出，也只能數夜為限，超過十幾天，女性便提出抱怨：我又不是鬼，怎麼可以一個人睡？

這些習俗看在男性中心的周達觀眼中，當然不以為然，便以儒家常常加在女性身上的「淫蕩」兩字來批評。

對於真臘王朝的女性角色，周達觀除了在〈產婦〉一段中顯露了他的驚訝之外，另外在〈室女〉一段也做了更多的描述，一再透露出在儒教的壓抑下，似乎對女性的性行為反而產生了過度的好奇。

「人家養女，其父母必祝之曰：『願汝有人要，將來嫁千百個丈夫』。」

周達觀顯然也無法了解，真臘為何會有這樣的風俗。對儒教社會而言，「一女不嫁二夫」已是天經地義的倫常，然而在真臘，父母竟然祝福女兒「將來嫁千百個丈夫」，當然使周達觀大吃一驚。

不同文化習俗的接觸，其實恰好是最好的機會，可以檢討與反省固定僵化的社會習俗。文化本來是因不同的客觀環境而形成，並沒有絕對的好壞優劣，但當時認為自己是「居天下之中」的帝國，大概難以理解不同文化的相互了解與尊重吧！

從習俗的觀察而言，周達觀對女性習俗的好奇，的確保留了可貴的社會史料。例如在〈室女〉一段，他記錄了當時真臘女性「陣毯」的習俗。

「富室之女，自七歲至九歲；至貧之家，則止於十一歲，必命僧道去其童身，名曰『陣毯』。」

「陣毯」即是剔破少女處女膜的儀式，無論貧富，都要遵守。而且，依據周達觀的記錄，「陣毯」的習俗是由官方主持的，民間必須先向官方申報，官方會發給一支蠟燭，上有刻度，黃昏燃燭，燒到刻度處，就進行「陣毯」儀式。

「陣毯」的儀式似乎非常鋪張，像「成人禮」，要「大設飲食鼓樂」，招待親友街坊鄰居，門外要設一高棚，裝置塑造的人像或動物像，似乎很像台灣民間的做醮。

「陣毯」的真正動作，周達觀是看不見的，但他充滿了好奇，記錄了幾種不同的傳聞：

「聞至期與女俱入房，親以手去其童，納之酒中，或謂父母親鄰各點於額上，或謂俱嘗以口；或謂僧與女交媾之事，或謂無此，但不容唐人見之，所以莫知其的。」

這一段中，周達觀記錄了好幾種聽來的傳聞。在儀式最後，僧侶和少女入房，除去少女的處女膜，放置在酒中，周達觀聽說「室女」之血或者父母點在額上，或者吃下去了，或者是僧侶與少女性交，因為不准許華人觀看，無法證實。

周達觀還是保持了一個記錄者文字的忠實性。

今天到吳哥窟旅行的人愈來愈多，從全世界湧進這個城市的觀光客數以萬計，但似乎都只在尋訪古老的吳哥文化，很少人對當前的柬埔寨人的現實生活有任何關心。

周達觀的記錄卻不是從觀光的角度書寫的，他有許多對真實生活的描寫，甚至到今天還可以在當地印證，例如吳哥人的「澡浴」。

「地苦炎熱，每日非數次澡洗則不可過。」

這一段描述，說明了周達觀對柬埔寨人民每天洗澡數次的了解。但他在河邊、池邊看到的洗澡景象，最使他關注的似乎還是與道德有關的部分。

「不分男女，皆裸形入池。」

男女裸體共浴，似乎又使周達觀驚訝了。他接著就有了自己的主觀判斷：

「或三四日，或五六日，城中婦女，三三五五，咸至城外河中漾洗。至河邊，脫去所纏之布而入水。會聚於河者動以千數，雖府第婦女亦預焉，略不以為恥；自踵至頂，皆得而見之。」

在吳哥的河邊，看到成群男女裸浴，彼此激水嬉戲，再讀到這一段描述，不禁笑了起來。

對北方來的周達觀而言，看到上千裸體婦人在河中沐浴，連城中有身分的大戶人家女性也參與其中，他似乎一方面目不暇接地觀看眼前奇景，另一方面在記錄時還是要批評一句：「略不以為恥」。而這些女性的美麗胴體，「自踵至頂」，從腳跟到頭頂，都看得一清二楚。

我讀《真臘風土記》，讀到下面這一段，特別有一種難以言喻的開心：「唐人暇日，頗以此為遊樂之觀。聞亦有就水中偷期者。」

華人到了柬埔寨，和周達觀一樣，對上千女性河中裸浴都興奮異常，便在閒暇之日，到這裡來遊玩。周達觀沒有正面證實，但聽說也有華人偷偷潛入水中去幹什麼事了。

文字的記錄裡有時透露著人性的幽默。禮教森嚴的華人，對女性的身體，對性，都產生過度的興奮，而在熱帶的東南亞，不同宗教信仰的背景，真臘人民其實有著更健康自在的身體。移民南來的華人，久而久之，當然也「有就水中偷期者」，解放了他們長久肉體的壓抑。

當時的華人，是以做「華人」為榮嗎？

周達觀卻在〈流寓〉一段留下一個有趣的伏筆：

「唐人之為水手者，利其國中不著衣裳；且米糧易求，婦女易得，屋室易辦，器用易足，賣買易為，往往皆逃逸於彼。」

原來「跳船」不是今天才有，當年的華人船員，喜愛了東南亞的文化，可以不穿衣服，容易吃飽飯，容易娶到妻子，生活容易，也就紛紛逃避華人的國度了。

旅途中有一本書可以閱讀，可以反省，可以思考，是無比快樂的事。

Ming，寫給你的信要告一段落，希望還有機會帶著《真臘風土記》，同遊吳哥！

攝影：陶世恩

吳哥遺址位置圖

附錄1

寺廟中英名稱對照表

大吳哥城	Angkor Thom
空中宮殿	Phimeanakas
癲王台	Terrace of the Leper King
象台	Terrace of the Elephants
巴芳寺	Baphuon
巴揚寺	Bayon
城南	
巴肯寺	Bakheng
吳哥寺	Angkor Wat
城北	
卜力坎寺	Preah Khan
涅槃宮	Neak Pean
城東	
塔高寺	Takeo
東美蓬寺	East Mebon
塔普倫寺	Ta Prohm
變身塔	Pre Rup
皇家浴池	Srah Srang
喀拉凡寺	Prasat Kravan
羅洛斯遺址	**Rolous**
洛雷寺	Lolei
普力科寺	Preah Ko
巴孔寺	Bakong
東北	
斑蒂斯蕾	Banteay Srei

Plan of The Monuments at Angkor

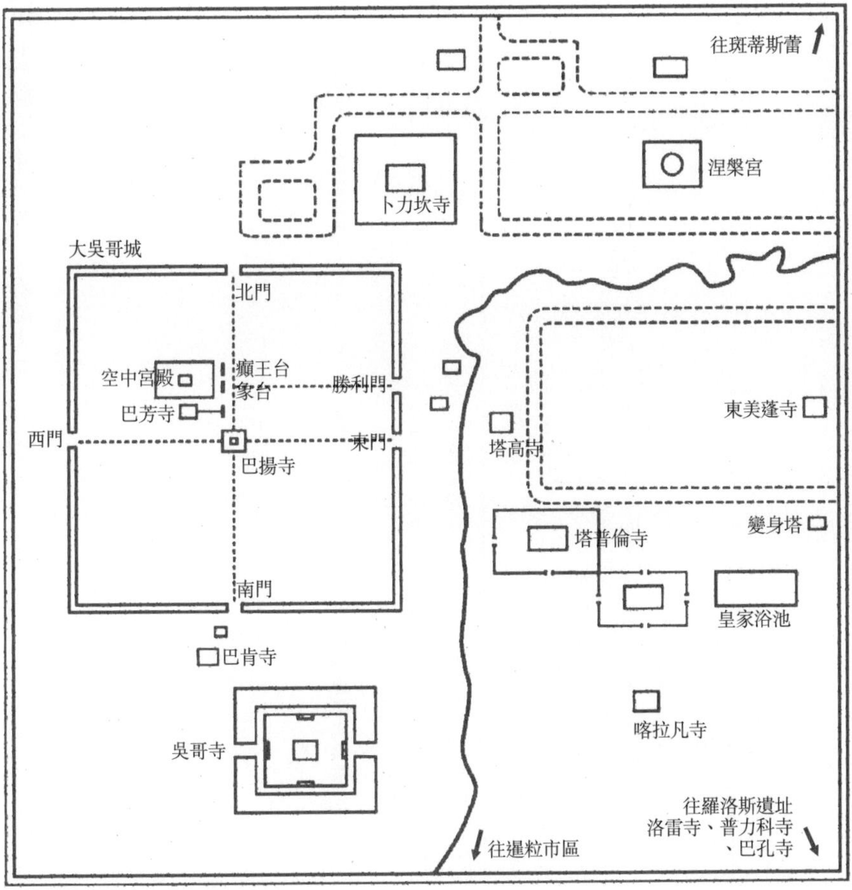

吳哥國王與代表建築簡表

附錄2

國王	任次	在位年代	建都	代表建築與事蹟
闍耶跋摩二世 Jayavarman II	一	八〇二～八五〇	湄公河下游磅湛市 Kampong Cham	吳哥王朝開國之祖
因陀羅跋摩一世 Indravarman I	三	八七七～八八九	羅洛斯 Rolous	普力科寺—Preah Ko, 880 巴孔寺—Bakong, 881 修建第一個人工水庫
耶輸跋摩一世 Yasovarman I	四	八八九～九〇八	巴肯山旁吳哥城 Angkor Thom	洛雷寺—Lolei, 893 巴肯寺—Bakheng, 907
哈沙跋摩一世 Harshavarman I	五	九〇八～九二二		喀拉凡寺—Prasat Kravan, 921

羅貞陀羅跋摩二世 Rajendravarman II	九	九四四～九六八	巴肯山旁吳哥城 Angkor Thom	空中宮殿｜Phimeanakas 東美蓬寺｜East Mebon, 953 巴憧寺｜Batchum, 960 變身塔｜Pre Rup, 961 斑蒂斯蕾｜Banteay Srei, 967開始興建
闍耶跋摩五世 Jayavarman V	一〇	九六八～一〇〇一		磚雕與石雕藝術的大致分界 班蒂斯蕾完成｜1000 未完成的塔高寺｜Takeo, 1000左右
烏岱亞迪亞跋摩二世 Udayadityavarman II	一四	一〇五〇～一〇六六		巴芳寺｜Baphuon
蘇利耶跋摩二世 Suryavarman II	一八	一一一三～一一五〇		吳哥寺｜Angkor Wat
闍耶跋摩七世 Jayavarman VII	二二	一一八一～一二一九		從印度教信仰改為大乘佛教信仰 擊敗占婆族，國勢達於巔峰 為吳哥城做最後修整，「高棉的微笑」聞名於世 母廟塔普倫寺｜Ta Prohm, 1186 父廟卜力坎寺｜Preah Khan, 1191 巴揚寺｜Bayon、涅槃宮｜Neak Pean
因陀羅跋摩三世 Indravarman III	二五	一二九五～一三〇八		一二九六年，中國元朝特使周達觀造訪， 停留一年，寫下《真臘風土記》

總敘

真臘國或稱占臘，其國自稱曰甘孛智。今聖朝按西番經，名其曰澉浦只，蓋亦甘孛智之近音也。

自溫州開洋，行丁未針，歷閩、廣海外諸州港口，過七洲洋，經交趾洋，到占城。又自占城順風可半月到真蒲，乃其境也。又自真蒲行坤申針，過崑崙洋，入港。港凡數十，惟第四港可入。其餘悉以沙淺故，不通巨舟。然而彌望皆修藤古木，黃沙白葦，倉卒未易辨認，故舟人以尋港為難事。自港口西北行，順水可半月，抵其地曰查南，乃其屬郡也。又自查南換小舟，順水可十餘日，過半路村、佛村、渡淡洋，可抵其地曰「干傍」，取城五十里。

按諸番志稱其地廣七千里，其國北抵占城半月路，西北距暹半月程，南距番禺十日程，其東則大海也。舊為通商往來之國。聖朝誕膺天命，奄有四海。唆都元帥之置省占城也，嘗遣一虎符萬戶，一金牌千戶，同到本國，竟為拘執不返。

元貞之乙未六月，聖天子遣使招諭，俾余從行。以次年丙申二月離明州，二十日自溫州港口開洋，三月十五日抵占城。中途逆風不利。秋七月始至，遂得臣服。至大德丁酉六月回舟，八月十二日抵四明泊岸。其風土國事之詳，雖不能盡知，然其大略亦可見矣。

城郭

州城周圍可二十里，有五門，門各兩重，惟東向開二門，餘向皆一門。城之外巨濠，濠之上通衢大道，橋之兩傍各有石神五十四枚，如石將軍之狀，甚巨而獰，五門皆相似。橋之欄皆石為之，鑿為蛇形，蛇皆七頭，五十四神皆以手拔蛇，有不容其走逸之勢。城門之上有大石佛頭三，面向四方，中置其一，飾之以金。門之兩傍，鑿石為象形。城皆疊石為之，高可二丈，石甚周密堅固，且不生繁草，卻無女牆。城之上，間或種桄榔木，比比皆空屋；其內向為坡子，厚可十餘丈，坡上皆有大門，夜閉早開，亦有監門者。惟狗不許入門，曾受斬趾刑人亦不許入門。

其城甚方整，四方各有石塔一座。當國之中，有金塔一座，傍有石塔二十餘座，石屋百餘間。東向有金橋一所，金獅子二枚，列於橋之左右；金佛八身，列於石屋之下。金塔之北可一里許，有銅塔一座，比金塔更高，望之鬱然，其下亦有石屋十數間。又其北一里許，則國主之廬也，其寢室又有金塔一座焉。所以舶商自來有富貴真臘之褒者，想為此也。

石塔在南門外半里餘，俗傳魯班一夜造成。魯班墓在南門外一里許，周圍可十里，石屋數百間。東池在城東十里，周圍可百里，中有石塔石屋。塔之中有臥銅佛一身，臍中常有水流出。北池在城北五里，中有金方塔一座，石屋數間，金獅子、金佛、銅象、銅牛、銅馬之屬皆有之。

宮室

國宮及官舍府第皆面東。國宮在金塔金橋之北，近北門，周圍可五六里。其正室之瓦，以鉛為之；餘皆土瓦，黃色。梁柱甚巨，皆雕畫佛形。屋頗壯觀，修廊複道，突兀參差，稍有規模。其蒞事處有金窗欞，左右方柱上有鏡數枚，列放於窗之旁；其下為象形。

聞內中多有奇處，防禁甚嚴，不可得而見也。其內中金塔，國主夜則臥其下。土人皆謂塔之中有九頭蛇精，乃一國之土地主也，係女身，每夜則見；國主則先與之同寢交媾，雖其妻亦不敢入。二鼓乃出，方可與妻妾同睡。若此精一夜不見，則番王死期至矣，若番王一夜不往，則必獲災禍。

其次如國戚大臣等屋，制度廣袤，與常人家迥別：周圍皆用草蓋，獨家廟及正寢二處許用瓦，亦各隨其官之等級，以為屋室廣狹之制。其下如百姓之家，止用草蓋，瓦片不敢上屋，其廣狹雖隨家之貧富，然終不敢傚府第制度也。

服飾

自國主以下，男女皆椎髻袒裼，止以布圍腰。出入則加以大布一條，纏於小布之上。布甚有等級，國主所打之布，有直金三四兩者，極其華麗精美。其國中雖自織布，暹及占城皆有來者，往往以來自西洋者為上，以其精巧而細樣故也。

惟國主可打純花布，頭戴金冠子，如金剛頭上所戴者。或有時不戴冠，但以線穿香花，如茉莉之類，周匝於髻間。項上帶大珠牌三五片；手足及諸指上皆帶金鐲指展，上皆嵌貓兒眼睛石。其下跣足，足下及手掌皆以紅藥染赤色。出則手持金劍。
　百姓間惟婦女可染手足掌，男子不敢也。大臣國戚可打疏花布。惟官人可打兩頭花布；百姓間惟婦人可打之。新唐人雖打兩頭花布，人亦不敢罪之，以其「暗丁八殺」故也。「暗丁八殺」者，不識體例也。

一　官屬

國中亦有丞相、將帥、司天等官，其下各設司吏之屬，但名稱不同耳。大抵皆國戚為之，亦納女為嬪。

其出入儀從，亦有等級：用金轎杠、四金傘柄者為上，金轎杠、二金傘柄者次之，金轎杠、一金傘柄者又次之，止用一金傘柄者又其次也。其下者止用一銀傘柄而已，亦有用銀轎杠者。金傘柄以上官皆呼為「巴丁」，或呼「暗丁」。銀傘柄者呼為「廝辣的」。傘皆用中國紅絹為之，其裙直拖地。油傘皆以綠絹為之，裙卻短。

一　三教

為儒者呼為「班詰」，為僧者呼為「苧姑」，為道者呼為「八思惟」。

「班詰」不知其所祖，亦無所謂學舍講習之處，亦難究其所讀何書，但見其如常人打布之外，於項上掛白線一條，以此別其為儒耳。由「班詰」入仕者，則為高上之人，項上之線，終身不去。

「苧姑」削髮穿黃，偏袒右肩，其下則繫黃布裙，跣足。寺亦許用瓦蓋，中止有一像，正如釋迦佛之狀，呼為「孛賴」，穿紅，塑以泥，飾以丹青，外此別無像也。塔中之佛，相貌又別；皆以銅鑄成，無鐘鼓鐃鈸與幢幡寶蓋之類。僧皆茹魚肉，惟不飲酒。供佛亦用魚肉，每日一齋，皆取辦於齋主之家，寺中不設廚灶。所誦之經甚多，皆以貝葉疊成，極其齊整，於上寫黑字，既不用筆墨，但不知其以何物書寫。僧亦用金銀轎杠傘柄者，國主有大政亦咨訪之，卻無尼姑。

「八思惟」正如常人，打布之外，但於頭上戴一紅布或白布，如韃靼娘子罟姑之狀而略低。亦有宮觀，但比之寺院較狹。而道教者亦不如僧教之盛耳。所供無別像，但止一塊石，如中國社稷壇中之石耳，亦不知其何所祖也。卻有女道士。宮觀亦得用瓦。「八思惟」不食他人之食，亦不令人見食，亦不飲酒；不曾見其誦經及與人功果之事。

俗之小兒入學者，皆先就僧家教習，暨長而還俗，其詳莫能考也。

人物

人但知蠻俗人物粗醜而甚黑，殊不知居于海島村僻及尋常閭巷間者，則信然矣；至如宮人及南棚婦女，多有其白如玉者，蓋以不見天日之光故也。大抵一布經腰之外，不以男女，皆露出胸酥，椎髻跣足；雖國主之妻，亦只如此。

國主凡有五妻：正室一人，四方四人；其下嬪婢之屬，聞有三五千，亦自分等級，未嘗輕出戶。余每一入內，見番主必與正妻同出，乃坐正室金窗中，諸宮人皆次第列於兩廊窗下，徙倚窺視，余備獲一見。

凡人家有女美貌者，必召入內。其下供內中出入之役者呼為「陳家蘭」，亦不下一二千，卻皆有丈夫，與民間雜處，只於頂門之前削去其髮，如北人開水道之狀，塗以銀硃，及塗於兩鬢之傍，以此為「陳家蘭」別耳。惟此婦可以入內，其下餘人不可得而入也；內宮之前，多有絡繹于道途間。尋常婦女，椎髻之外，別無釵梳頭面之飾；但臂中帶金鐲，指中帶金指展，且「陳家蘭」及內中諸宮人皆用之。男女身上常塗香藥，以檀、麝等香合成。

家家皆修佛事。國中多有二形人，每日以十數成群，行於墟場間；常有招徠唐人之意，反有厚饋，可醜可惡。

產婦

番婦產後，即作熱飯，拌之以鹽，納于陰戶，凡一晝夜而除之，以此產中無病，且收斂常如室女。余初聞而詫之，深疑其不然；既而所泊之家有女育子，備知其事，且次日即抱嬰兒同往河內澡洗，尤所怪見。又每見人言番婦多淫，產後一兩日即與夫合；若丈夫不中所欲，即有買臣見棄之事。若丈夫適有遠役，只可數夜，過十數夜，其婦必曰：「我非是鬼，如何孤眠？」淫蕩之心尤切。然亦聞有守志者。婦女最易老，蓋其婚嫁產育既早，二三十歲人已如中國四五十歲人矣。

室女

人家養女，其父母必祝之曰：「願汝有人要，將來嫁千百箇丈夫。」富室之女，自七歲至九歲；至貧之家，則止於十一歲，必命僧道去其童身，名曰「陣毯」。蓋官司每歲於中國四月內擇一日頒行本國，應有養女當「陣毯」之家，先行申報官司，官司先給巨燭一條，燭間刻畫一處，約是夜遇昏點燭，至刻畫處，則為「陣毯」時候矣。

先期一月，或半月，或十日，父母必擇一僧或一道；隨其何處寺觀，往往亦自有主顧。向上好僧，皆為官戶富室所先，貧者亦不暇擇也。官富之家，饋以酒、米、布帛、檳榔、銀器之類，至有一百擔者，直中國白金二三百兩之物，少者或三四十擔，或一二十擔，隨其家之豐儉。所以貧人家至于十一歲始行事者，為難辦此物耳。亦有捨錢與貧女「陣毯」者，謂之做好事；蓋一歲中一僧止可御一女，僧既允受，更不他許。

是夜，其家大設飲食鼓樂，會親鄰；門外縛一高棚，裝塑泥人泥獸之屬于其上，或十餘，或止三四枚，貧家則無之，各按故事，凡七日而始撤。既昏，以轎傘鼓樂迎此僧而歸；以綵帛結二亭子，一則坐女于其中，一則僧坐其中，不曉其口說何語。鼓樂之聲喧闐，是夜不禁犯夜。聞至期與女俱入房，親以手去其童，納之酒中，或謂父母親鄰各點於額上，或謂俱嘗以口；或謂僧與女交媾之事，或謂無此，但不容唐人見之，所以莫知其的。至天將明時，則又以轎傘鼓樂送僧去。後當以布帛之類與僧贖身，否則此女終為此僧所有，不可得而他適也。余所見者，大德丁酉之四月初六夜也。

前此，父母必與女同寢；此後則斥於房外，任其所之，無復拘束隄防之矣。至若嫁娶，則雖有納幣之禮，不過苟簡從事；多有先姦而後娶者，其風俗既不以為恥，亦不以為怪也。「陣毯」之夜，一巷中或至十餘家；城中迎僧道者交錯於途路間，鼓樂之聲，無處無之。

奴婢

人家奴婢，皆買野人以充其役，多者百餘，少者亦有一二十枚；除至貧之家則無之。蓋野人者，山野中之人也；自有種類，俗呼為「撞」賊，到城中亦不敢出入人之家。城間人相罵者，一呼之為「撞」，則恨入骨髓，其見輕於人如此。少壯者一枚可直百布，老弱者止三四十布可得。祇許于樓下坐臥；若執役方許登樓，亦必跪膝合掌頂禮，而後敢進。

呼主人為「巴駞」，主母為「米」。「巴駞」者，父也；「米」者，母也。若有過撻之，則俯首受杖，略不敢動。其牝牡自相配偶，主人終無與之交接之理。或唐人到彼久曠者不擇，一與之接，主人聞之，次日不肯與同坐，以其曾與野人接故也。或與外人交，至於有妊養子，主人亦不詰問其所從來，蓋以其所不齒，且利其得子，仍可為異日奴婢也。或有逃者，擒而復得，必於面刺以青；或於項下帶鐵鎖以錮之，亦有帶于雙腿間者。

語言

國中語言自成，音聲雖近，而占城、暹人皆不通話說。如以一為「梅」，二為「別」，三為「卑」，四為「般」，五為「孛藍」，六為「孛藍梅」，七為「孛藍別」，八為「孛藍卑」，九為「孛藍般」，十為「答」。呼父為「巴駞」，叔伯亦呼為「巴駞」。呼母為「米」，姑姨嬸姆，以至鄰人之尊年者，亦呼為「米」。呼兄為「邦」，姊亦呼為「邦」；呼弟為「補溫」，妹亦呼為「補溫」。呼舅為「吃賴」，姑夫、姊夫、姨夫、妹夫亦呼為「吃賴」。

大抵多以下字在上，如言此人乃張三之弟，則曰「補溫」張三；彼人乃李四之舅，則曰「吃賴」李四。又如呼中國為「備世」，呼官人為「巴丁」，呼秀才為「班詰」；乃呼中國之官人不曰「備世巴丁」，而曰「巴丁備世」；呼中國之秀才不曰「備世班詰」，而曰「班詰備世」。大抵如此，此其大略耳。

至若官府則有官府之議論，秀才則有秀才之文談，僧道自有僧道之語說；城市村落，言語各自不同，亦與中國無異也。

野人

野人有二種：有一等通往來話言之野人，乃賣與城間為奴之類是也；有一等不屬教化、不通言話之野人，此輩皆無家可居，但領其家屬巡行於山頭，戴一瓦盆而走。遇有野獸，以弧矢標鎗射而得之，乃擊火于石，共烹食而去。其性甚狠，其藥甚毒；同黨中人常自相殺戮。近地亦有種荳蔻、木綿花，織布為業者；布甚粗厚，花紋甚別。

文字

尋常文字及官府文書，皆以麂鹿皮等物染黑，隨其大小闊狹，以意裁之。用一等粉，如中國白堊之類，搓為小條子，其名為「梭」，拈於手中，就皮畫以成字，永不脫落；用畢則插於耳之上。字跡亦可辨認為何人書寫，須以濕物揩拭方去。大率字樣正似回鶻字；凡文書皆自後書向前，卻不自上書下也。余聞之也先海牙云，其字母音聲，正與蒙古音聲相類，但所不同者，三兩字耳。初無印信；人家告狀，亦有書鋪書寫。

正朔時序

每用中國十月為正月。是月也，名為「佳得」，當國宮之前，縛一大棚，上可容千餘人，盡掛燈毬花朵之屬。其對岸遠離三十丈地，則以木接續，縛成高棚，如造塔樣竿之狀，可高二十餘丈。每夜設三四座，或五六座，裝煙火爆杖于其上；此皆諸屬郡及諸府第認直。遇夜則請國主出觀點放煙火爆杖，煙火雖百里之外皆見之。爆杖其大如砲，聲震一城。其官屬貴戚，每人分以巨燭檳榔，所費甚夥。國主亦請奉使觀焉。如是者半月而後止。

每一月必有一事，如四月則拋毬，九月則「壓獵」。「壓獵」者，聚一國之象，皆來城中，教閱於國宮之前。五月則迎佛水：聚一國遠近之佛，皆送水與國主洗身，陸地行舟，國主登樓以觀。七月則燒稻：其時新稻已熟，迎於南門外，燒之以供佛。婦女車象，往觀者無數，國主卻不出。八月則「挨藍」，「挨藍」者，舞也；點差伎樂，每日就國宮內「挨藍」，且鬥豬鬥象；國主亦請奉使觀焉，如是者一旬。其餘月份，不能詳記也。

國人亦有通天文者，日月薄蝕，皆能推算，但是大小盡卻與中國不同。中國閏歲，則彼亦必置閏，但只閏九月，殊不可曉。一夜只分四更，每七日一輪，亦如中國所謂「開閉建除」

之類。

番人既無名姓，亦不記生日，多有以所生日頭為名者。有兩日最吉，三日平平，四日最凶；何日可出東方，何日可出西方，雖婦女皆能算之。十二生肖亦與中國同，但所呼之名異耳。如呼馬為「卜賽」，呼雞為「蠻」，呼豬為「直盧」，呼牛為「箇」之類。

爭訟

民間爭訟，雖小事亦必上聞國主。初無笞杖之責，但聞罰金而已。其人大逆重事，亦無絞斬之事；止於城西門外掘地成坑，納罪人於內，實以土石，堅築而罷。其次有斬手足指者，有去鼻者；但姦與賭無禁。姦婦之夫或知之，則以兩柴絞姦夫之足，痛不可忍。竭其資而與之，方可獲免。然裝局欺騙者亦有之。或有死於門首者，則自用繩拖至城外野地，初無所謂體究檢驗之事。人家獲盜，亦可自施監禁烤掠之刑，卻有二項可取，且如人家失物，疑此人為盜不肯招認，遂以鍋煎油極熱，令此人伸手於其中，若果偷物，則手腐爛，否則皮肉如故。云番人有法如此。

又，兩家爭訟，莫辨曲直；國宮之對岸有小石塔十二座，令二人各坐一塔中，其外，兩家自以親屬互相隄防。或坐一二日，或三四日，其無理者必獲證候而出：或身上生瘡癤，或咳嗽發熱之類，有理者略無纖事。以此剖判曲直，謂之天獄，蓋其土地之靈有如此也。

病癩

國人尋常有病，多是入水浸浴及頻頻洗頭，便自痊可。然多病癩者，比比道途間；土人雖與之同臥同食亦不校。或謂彼中風土有此疾，又云曾有國主患此疾，故人不之嫌。以愚意觀之，往往好色之餘，便入水澡洗，故成此疾；聞土人色慾纔畢，男女皆入水澡洗，其患痢者十死八九。亦有貨藥於市者，與中國之藥不類，不知其為何物。更有一等師巫之屬，與人行持，尤為可笑。

死亡

人死無棺，止以葭席之類，蓋之以布。其出喪也，前亦用旗幟鼓樂之屬；又以兩柈炒米，繞路拋散。抬至城外僻遠無人之地，棄擲而去。俟有鷹犬畜類來食，頃刻而盡，則謂父母有福，故獲此報。若不食，或食而不盡，反謂父母有罪而至此。今亦漸有焚者，往往皆唐人之遺種也。父母死，別無服制，男子則髡其髮，女子則於頂門剪髮似錢大，以此為孝耳。國主乃有塔葬埋，但不知葬身與葬骨耳。

耕種

大抵一歲中可三四番收種，蓋四時常如五六月天，且不識霜雪故也。其地半年有雨，半年絕無。自四月至九月，每日下雨，午後方止。淡水洋中水痕高可七八丈，巨樹盡沒，僅留一杪耳；人家濱水而居者皆移入山後。十月至三月，點雨絕無；洋中僅可通小舟，深處不過三五尺；人家又復移下。耕種者扣至何時稻熟，是時水可淹至何處，隨其地而播種之。耕不用牛；耒耜鎌鋤之器，雖稍相類，而制自不同。然水傍又有一等野田，不種而常生稻，水高至一丈，而稻亦與之俱高，想別一種也。

但畬田及種蔬皆不用穢，嫌其不潔也。唐人到彼，皆不與之言及中國糞壅之事，恐為所鄙。每三兩家共掘地為一坑，蓋之以草，滿則填之，又別掘地。凡登溷既畢，必入池洗淨。凡洗淨止用左手，右手留以拿飯。見唐人登廁用紙揩拭者皆笑之，甚至不欲其登門。婦女亦有立而溺者，可笑可笑。

山川

自入真蒲以來，率多平林叢木，長江巨港，綿亙數百里。古樹修藤，森陰蒙翳。禽獸之聲，遝雜其間。至半港而始見有曠田，絕無寸木，彌望芃芃，禾黍而已；野牛以千百成群，聚于此地。又有竹坡，亦綿亙數百里；其竹節間生刺，筍味至苦。四畔皆有高山。

出產

山多異木；無木處乃犀象屯聚養育之地。珍禽奇獸，不計其數。細色有翠毛、象牙、犀角、黃臘；粗色有降真、荳蔻、畫黃、紫梗、大風油子。

翡翠，其得也頗難。蓋叢林中有池，池中有魚；翡翠自林中飛出求魚，番人以樹葉蔽身而坐水濱，籠一雌以誘之，手持小網，伺其來，則罩之。有一日獲三五隻，有終日全不得者。象牙則山僻人家有之。每一象死，方有二牙；舊傳謂每歲一換牙者，非也。其牙以標而殺之者為上，自死而隨時為人所取者次之，死于山中多年者，斯為下矣。黃臘，出於村落朽樹間其一種細腰蜂如螻蟻者，番人取而得之，每一村可收二三千塊。每塊大者重三四十斤，小者亦不下十八九斤。犀角，白而帶花者為上，黑而無花者為下。降真生叢林中，番人頗費砍斫之勞，蓋此乃樹之心耳，其外白木可厚八九寸，小者亦不下四五寸。荳蔻皆野人山上所種。畫黃乃一等樹間之脂，番人預先一年以刀斫樹，滴瀝其脂，至次年而始收。紫梗生于一等樹枝間，正如桑寄生之狀，亦頗難得。大風油子乃大樹之子，狀如椰子而圓，中有子數十枚。胡椒間亦有之，纏藤而生，纍纍如綠草子；其生而青者更辣。

貿易

國中賣買，皆婦人能之。所以唐人到彼，必先納一婦者，兼亦利其能賣買故也。每日一墟，自卯至午即罷。無居鋪，但以蓬席之類鋪于地間，各有常處。聞亦納官司賃地錢，小交關則用米穀及唐貨，次則用布；若乃大交關，則用金銀矣。往年土人最朴，見唐人頗加敬畏，呼之為佛，見則伏地頂禮。近亦有脫騙欺負唐人者矣，由去人之多故也。

欲得唐貨

其地想不出金銀，以唐人金銀為第一，五色輕縑帛次之。其次如真州之錫鑞，溫州之漆盤，泉、處之青瓷器，及水銀、銀硃、紙劄、硫黃、焰硝、檀香、草芎、白芷、麝香、麻布、黃草布、雨傘、鐵鍋、銅盤、水珠、桐油、篦箕、木梳、針；其粗重則如明州之蓆。甚欲得者，則菽麥也，然不可將去耳。

草木

惟石榴、甘蔗、荷花、蓮藕、羊桃、蕉芎與中國同；荔枝、橘子，狀雖同而味酸，其餘皆中國所未曾見。樹木亦甚各別，草花更多，且香而豔。水中之花，更有多品，皆不知其名。至若桃、李、杏、梅、松、柏、杉、檜、梨、棗、楊、柳、桂、蘭、菊、芷之類，皆所無也。正月亦有荷花。

飛鳥

禽有孔雀、翡翠、鸚哥，乃中國所無。餘如鷹、鴉、鷺鷥、雀兒、鸕鷀、鸛、鶴、野鴨、黃雀等物皆有之。所無者：喜鵲、鴻雁、黃鶯、杜宇、燕、鴿之屬。

走獸

獸有犀、象、野牛、山馬，乃中國所無者，其餘如虎、豹、熊、羆、野豬、麋、鹿、麞、麂、猿、狐之類甚多。所不見者，獅子、猩猩、駱駝耳。雞、鴨、牛、馬、豬、羊，所不在論也。馬甚矮小；牛甚多，生不敢騎，死不敢食，亦不敢剝其皮，聽其腐爛而已，以其與人出力故也，但以駕車耳。在先無鵝，近有舟人自中國攜去，故得其種。鼠有大如貓者。又有一等鼠，頭腦絕類新生小狗兒。

蔬菜

蔬菜有蔥、芥、韭、茄瓜、西瓜、冬瓜、王瓜、莧菜，所無者蘿蔔、生菜、苦蕒、菠薐之類。瓜、茄正月間即有之，茄樹有經年不除者。木綿花樹高可過屋，有十餘年不換者。不識名之菜甚多，水中之菜亦多種。

魚龍

魚鱉惟黑鯉魚有多，其他如鯉、鯽、草魚亦多，有吐哺魚，大者重二斤已上。更有不識名之魚甚多，此皆淡水洋中所來者。至若海中之魚，色色有之。鱔魚、湖鰻、田雞，土人不食，入夜則縱橫道途間。黿鼉大如合苧，雖六藏之龜，亦充食用。查南之蝦，重一斤已上。真蒲龜腳可長八九寸許。鱷魚大者如船，有四腳，絕類龍，特無角耳，肚甚脆美。蛤、蜆、螄螺之屬，淡水中可捧而得。獨不見蟹，想亦有之，而人不食耳。

醞釀

酒有四等：第一等唐人呼為蜜糖酒，用藥麴，以蜜及水中半為之；其次者土人呼為「朋牙四」，以樹葉為之——「朋牙四」者，乃一等樹葉之名也；又其次，以米或以剩飯為之，名曰「包稜角」——蓋「包稜角」者，米也；其下有糖鑑酒，以糖為之。又，入港濱水人家有茭漿酒，蓋有一等茭葉生于水濱，其漿可以釀酒。

—

鹽醋醬麴

鹺物國中無禁，自真蒲、巴澗濱海等處率皆燒滷為之。山間更有一等石，味勝於鹽，可琢以成器。土人不能為醋，羹中欲酸，則著以「咸平」樹葉；樹既生莢，則用莢；既生子，則用子。亦不識合醬，為無麥與豆故也。亦不曾造麴，蓋以蜜水及樹葉釀酒，所用者酒藥耳，亦如鄉間白酒藥之狀。

—

蠶桑

土人皆不事蠶桑，婦人亦不曉針線縫補之事，僅能織木綿布而已，亦不能紡，但以手理成條。無機杼以織，但以一頭縛腰，一頭搭窗上；梭亦止用一竹管。近年暹人來居，卻以蠶桑為業；桑種蠶種皆自暹中來。亦無麻苧，惟有絡麻，暹人卻以絲自織皂綾衣著。暹婦卻能縫補，土人打布損破，皆倩其補之。

器用

尋常人家，房舍之外，別無卓凳盂桶之類，但作飯則用一瓦釜，作羹則用一瓦銚，就地埋三石為灶，以椰子殼為杓。盛飯用中國瓦盤或銅盤，羹則用樹葉造一小碗，雖盛汁亦不漏。又以茭葉製一小杓，用兜汁入口，用畢則棄之，雖祭祀神佛亦然。又以一錫器或瓦器盛水於傍，用以蘸手；蓋飯衹用手拿，其粘於手者，非此水不能去也。飲酒則用鑞器，可盛三四盞許，其名為「蛤」。盛酒則用鑞注子，貧人則用瓦缽子。若府第富室，則一一用銀，至有用金者。國主處多用金器，制度形狀又別。

地下所鋪者，明州之草席，或有鋪虎豹麂鹿等皮及藤簟者，近新置矮卓，高尺許。睡只竹席，臥於板，近又用矮牀者，往往皆唐人制作也。食品用布罩，夜多蚊子，亦用布罩，國主內中以銷金縑帛為之，皆舶商所饋也。稻子不用礱磨，但用杵臼耳。

車轎

轎之制，以一木屈其中，兩頭豎起，雕刻花樣，以金銀裹之，所謂金銀轎杠者此也。每頭三尺之內釘一鉤子，以大布一條厚摺，用繩繫於兩頭鉤中，人坐於布內，以兩人抬之。轎外又加一物，如船篷而更闊，飾以五色縑帛，四人扛之，隨轎而走。若遠行，亦有騎象騎馬者，亦有用車者。車之制，卻與他地一般。馬無鞍，象卻有凳可坐。

舟楫

巨舟以硬樹破板為之，匠者無鋸，但以斧鑿之，開成板，既費木，且費工，甚拙也。凡要木成段，亦只以鑿鑿斷。起屋亦然。船亦用鐵釘，上以茭葉蓋覆，卻以檳榔木破片壓之。此船名為「新拿」，用櫂。所粘之油，魚油也。所和之灰，石灰也。小舟卻以一巨木鑿成槽，以火熏軟，用木撐開，腹大兩頭尖，無篷，可載數人，止以櫂划之，名為「皮蘭」。

—

屬郡

屬郡凡十餘，曰真蒲，曰查南，曰巴澗，曰莫良，曰八薛，曰蒲買，曰雉棍，曰木津波，曰賴敢坑，曰八厮里，其餘不能悉記；各置官屬，皆以木排柵為城。

—

村落

每一村，或有寺，或有塔；人家稍密，亦自有鎮守之官，名為「買節」。大路上自有歇腳去處，如郵亭之類，其名為「森木」。近與暹人交兵，遂皆成曠地。

—

取膽

前此於八月內取膽，蓋占城主每年來索人膽一甕，可十餘枚。遇夜，則多方令人於城中及村落去處，遇有夜行者，以繩兜住其頭，用小刀於右脅下取去其膽，俟數足，以饋占城主。獨不取唐人之膽，蓋因一年取唐人一膽雜于其中，遂致甕中之膽俱臭腐而不可用故也。近年已除取膽之事，另置取膽官屬，居北門之裡。

異事

東門之裡，有蠻人淫其妹者，皮肉相粘不開，歷三日不食而俱死。余鄉人薛氏居番三十五年矣，渠謂兩見此事。蓋其用聖佛之靈，所以如此。

澡浴

地苦炎熱，每日非數次澡洗則不可過，入夜亦不免一二次。初無浴室盂桶之類，但每家須有一池；否則亦兩三家合一池。不分男女，皆裸形入池；惟父母尊年者在池，則子女卑幼不敢入；或卑幼先在池，則尊長亦迴避之。如行輩，則無拘也，但以左手遮其牝門入水而已。或三四日，或五六日，城中婦女，三三五五，咸至城外河中漾洗。至河邊，脱去所纏之布而入水。會聚於河者動以千數，雖府第婦女亦預焉，略不以為恥；自踵至頂，皆得而見之。城外大河，無日無之；唐人暇日，頗以此為遊觀之樂。聞亦有就水中偷期者。水常溫如湯，惟五更則微涼，至日出則復溫矣。

流寓

唐人之為水手者，利其國中不著衣裳；且米糧易求，婦女易得，屋室易辦，器用易足，賣買易為，往往皆逃逸於彼。

軍馬

軍馬亦是裸體跣足，右手執標鎗，左手執戰牌，別無所謂弓箭、砲石、甲冑之屬。傳聞與暹人相攻，皆驅百姓使戰，往往亦別無智略謀畫。

國主出入

聞在先國主，轍跡未嘗離戶，蓋亦防有不測之變也。新主乃故國主之婿，原以典兵為職；其婦翁殂，女密竊金劍以付其夫，以故親子不得承襲。嘗謀起兵，為新主所覺，斬其趾而安置于幽室。

新主身嵌聖鐵，縱使刀箭之屬，著體不能為害，恃此遂敢出戶。余宿留歲餘，見其出者四五。凡出時，諸軍馬擁其前，旗幟鼓樂踵其後；宮女三五百，花布花髻，手執巨燭，自成一隊，雖白日亦照燭。又有宮女，皆執內中金銀器皿及文飾之具，制度迥別，不知其何所用。又有宮女，執標鎗標牌為內兵，又成一隊。又有羊車、鹿車、馬車，皆以金為飾。其諸臣僚國戚皆騎象在前，遠望紅涼傘，不計其數。又其次，則國主之妻及妾媵，或轎或車，或馬或象，其銷金涼傘何止百餘。其後則是國主，立于象上，手持金劍，象之牙亦以金套之，打銷金白涼傘凡二十餘柄，傘柄皆金為之。其四圍擁簇之象甚多，又有軍馬護之。若遊近處，止用金轎子，皆以宮女抬之。大凡出入必迎小金塔金佛在其前，觀者皆當跪地頂禮，名為「三罷」，不然則為貌事者所擒，不虛釋也。

每日國主兩次坐衙，治事亦無定文，凡諸臣與百姓之欲見國主者，皆列坐地上以俟；少頃聞內中隱隱有樂聲，在外方吹螺以迎之。聞止用金車子，來處稍遠，須臾見二宮女纖手捲簾，而國主已仗劍立於金窗之中矣。臣僚以下，皆合掌叩頭，螺聲絕，乃許抬頭，國主特隨亦就坐，坐處有獅子皮一領，乃傳國之寶。言事既畢，國主尋即轉身，二宮女復垂其簾，諸人各起。以此觀之，則雖蠻貊之邦，未嘗不知有君也。

—

四庫全書總目提要

真臘風土記一卷，元周達觀撰。達觀，溫州人。真臘本南海中小國，為扶南之屬，其後漸以強盛，自隋書始見於外國傳。唐宋二史並皆紀錄，而朝貢不常至，故所載風土方物，往往疏略不備。元成宗元貞元年乙未，遣使招諭其國，達觀隨行，至大德元年丁酉乃歸，首尾三年，諳悉其俗，因記所聞見為此書，凡四十則，文義頗為賅贍。惟第三十六則內記澮倫神譴一事，不以為天道之常，而歸功於佛，則所見殊陋。然元史不立真臘傳，得此而本末詳具，猶可以補其佚闕，是固宜存備參訂作職方之外紀者矣。達觀作是書成，以示吾邱衍，衍為題詩，推挹甚至，見衍所作竹素山房詩集中，蓋衍亦服其敘述之工云。

國家圖書館出版品預行編目資料

吳哥之美／蔣勳作. --二版. --臺北市：遠流, 2013.04
面； 公分. --（綠蠹魚叢書；YLK50）

ISBN 978-957-32-7177-2（平裝）

1.旅遊 2.吳哥窟古城 3.柬埔寨

738.49 102004862

綠蠹魚叢書 YLK50

吳哥之美

作者	蔣勳
圖片提供	蔣勳
出版四部總編輯暨總監	曾文娟
資深主編	鄭祥琳
行政編輯	江雯婷
美術設計	林秦華
特別感謝	陶世恩、西泊殘影、廖珮晴提供圖片
發行人	王榮文
出版發行	遠流出版事業股份有限公司
地址	104005 台北市中山北路一段11號13樓
電話	（02）2571-0297　傳真：（02）2571-0197
郵撥	0189456-1
著作權顧問	蕭雄淋律師
2013年 4 月 8 日	二版一刷
2021年12月30日	二版十三刷

定價：新台幣360元（缺頁或破損的書，請寄回更換）

ISBN　978-957-32-7177-2

遠流博識網

http://www.ylib.com　E-mail: ylib@ylib.com

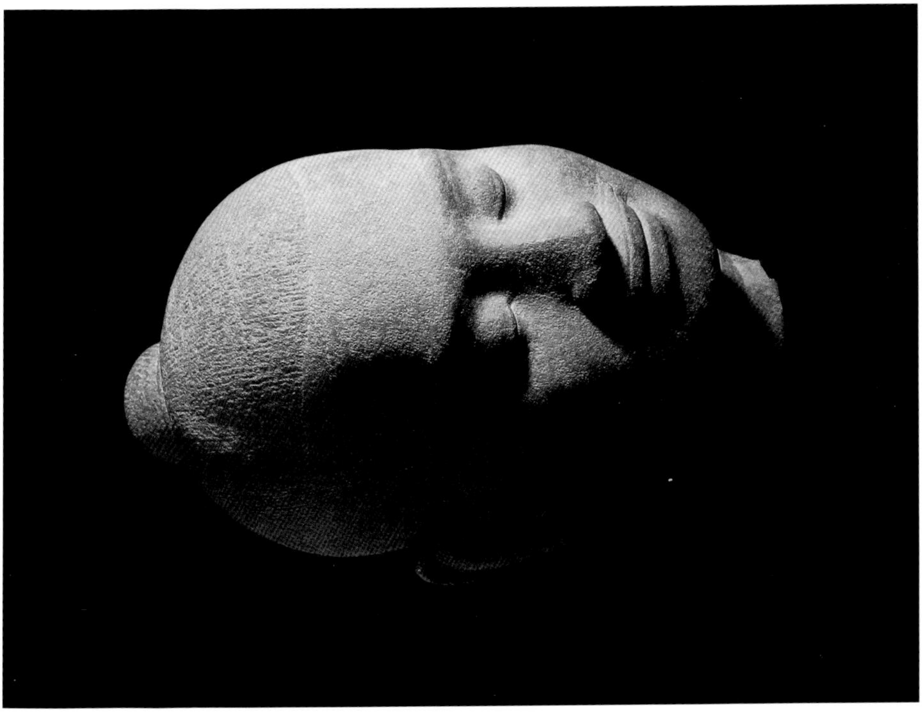

曙光初起，

吳哥寺在真實與虛幻之間

——蔣勳

The Beauty of Angkor

《吳哥之美》蔣勳著 遠流 | Angkor Wat, photo by 陶世恩

因為微笑，文明不會消失

——蔣勳

The Beauty of Angkor

《吳哥之美》蔣勳著 遠流 | Jayavarman VII, King Cambodia, photo by Hans Hinz